传媒集刊

# 中国传媒教育观察

2022

主编◎赵 倩

CHINESE MEDIA EDUCATION REVIEW

CUCP 中国传媒大学出版社
·北京·

# 目　录

# 特 稿

# 从“去身体化”到“回归身体”

## ——人机关系演变下的媒介技术图景

## From “Disembodying” to “Returning to the Body”

## —The Media Technology Landscape under the Evolution of Human-machine Relationship

◈ 洪杰文　陈嵘伟

Hong Jiewen　Chen Rongwei

**摘要:**工业革命至今,媒介技术逐渐以机器为实体,为人使用并与人建立联系,媒介技术本质上正是人机关系的体现。理解人机关系的变迁,成为揭示媒介技术演变逻辑的可行路径。本文以人机关系的演变为视角,以身体为线索,对工业革命至今的媒介技术史予以考察后发现:人机关系在离身传统、机器革命、具身认知等因素的影响下经历了由二元分隔至融合共生的转向,媒介技术由此呈现出从“去身体化”到“回归身体”的演变逻辑,身体与机器的双向回归将代替一方对另一方的单向回归,构成媒介技术的未来图景。

**Abstract:** Since the Industrial Revolution, media technology has gradually taken machines as entities, used by people and established connections with people. Media technology is essentially the embodiment of human-machine relationship. Understanding the evolution of human-machine relationship becomes a feasible path to reveal the evolution logic of media technology. Taking the evolution of human-machine relationship as a perspective and taking the body as a clue, the thesis investigates the history of media technology from the Industrial Revolution to the present and finds that the human-machine relationship has experienced changes under the influence of the traditional concept of separation, machine revolution, embodied cognition and other factors. From binary separation to integration and symbiosis, media technology thus presents an evolutionary logic from“disembodying” to “returning to the body”. The two-way regression of the body to the machine will replace the one-way regression of one to the other, forming the future picture of media technology.

**关键词:**媒介技术;人机关系;身体

**Keywords:** Media technology, Human-machine relationship, Body

工业革命的兴起,使机器逐渐成为支撑人类社会运行、推动现代文明发展的核心构件。人类活动几乎全部依托于机器,传播活动也不例外。麦克卢汉(Marshall McLuhan)最初将传播史分为三期:口语传统、印刷机和电视屏幕;[①]美国传播学者哈特则直接将人类第三阶段传播活动的媒介称为机器媒介系统(广播、电视、计算机等);[②]就当下的智能媒介技术而言,无论是作为软件的智能推荐算法还是作为硬件的可穿戴设备、智能手机等,均凸显其机器实体及与人交互的中介特性。在数次工业革命带来的技术革新后,机器在叠加纸笔等传统中介的基础上,成为现代及未来媒介技术的主要实体。媒介技术以机器为实体,与人产生联系,因此媒介技术本质上就是人机关系的体现。

不同时期的机器因其构型规则及运作逻辑的不同,作用于社会生产、文化生活等诸多方面,进而形塑了该时期的人机关系。作为社会成员的日常使用设施,特定时代背景下的媒介技术既由该时代的人机关系所限定,也是该时代人机关系的缩影。因此,理解人机关系的变迁,成为揭示媒介技术演变逻辑的可行路径,而串联起各时代人机关系的线索,即为"身体"。

"身体"是理解人机关系,抑或说,是理解人与"人工物"关系的关键。近代真正意义上的"机器"在西方工业革命后才逐步被发明出来,[③]广义上的"机器"则是一种人类的创造物,即人类依照某种技艺创造出的"人工物"。有关二者关系的探讨贯穿人类历史,演化出诸如机器"像"人、人即机器等观点,但各方立论的出发点,均集中于身体。

亚里士多德(Aristotle)曾提出技艺学说,他认为人类可以创造出非自然的、负载人类目的性的"人工物",以与"自然物"相区分。无论是"技艺"还是通过"技艺"而完成的创造都可以较好地反映人类的目的,[④]而人类通过"技艺"创造"人工物"的目的正在于弥补人类身体的某种缺陷或者增强人类身体的某种能力。由于人无法从生物遗传中得到所需要的技能和本领,人就必须从生物遗传之外的技术构序中获得增补性的

---

① 麦克卢汉,菲奥里,阿吉尔.媒介与文明[M].何道宽,译.北京:机械工业出版社,2016:194.

② HART A. Understanding the media[M]. New York: Routledge Press,1911:5.

③ 于英江.机械制造综合词典[M].哈尔滨:黑龙江科学技术出版社,1993:8.

④ 尚智丛,闫奎铭."人与机器"的哲学认识及面向大数据技术的思考[J].自然辩证法究.2016(2):24-28.

生存能力。[①] 人与"人工物"由此于目的性层面达成统一。顺着亚里士多德的思路，德国哲学家恩斯特·卡普(Ernst Kapp)提出器官投影说(organ-projection)，他认为"人工物"均为人体器官在外部世界的"投影"，以人体器官为摹本，正如"弯曲的手指变成了一只钩子，而凹陷的手掌变成了一只碗"[②]。与之相对照，马克思(Karl Heinrich Marx)提出了"器官延长"说，他认为"人工物"延长了人的"自然的肢体"。[③] 阿诺德·盖伦(Arnold Gehlen)则提出了器官代替、强化和减负说，他认为"人工物"具有代替器官、强化器官能力和减轻器官负担的三种功能形式。[④]

上述讨论均以"器官"为隐喻，指出"人工物"与人类身体结构具有某种程度上的一致性，即同构性。就作为整体系统的机器而言，机器的价值在于通过适当调控可以由较小投入获得较大收益，机器的结构和功能之间同样存在种种隐蔽的有机联系，所以可以将其视为"人工机体"。[⑤] 人与机器机体同构，"身体"是联结二者的基础性因素。因此，不同时代背景下的人机关系均可借"身体"于其中扮演的角色得到部分说明。

当下学界关于媒介技术的探讨多建立在具体的技术革新之上，如曹素贞[⑥]等探讨了5G技术赋能下的媒介传播新图景；还有学者从技术本身的演变过程或经济、文化等语境出发描绘媒介技术的未来走向，如吕尚彬等从技术域的角度出发，将传媒技术分为单质技术域、数字技术域和智能技术域三个阶段[⑦]。但这些讨论或是立足于点状的新技术，或是借用后人类、控制论等理论资源对媒介技术演变过程予以梳理，缺乏对其演变线索的厘清和各演变时段的综合考察，而至工业革命后，以机器为实体的媒介技术呈现出长期稳定性。因此，本文截取工业革命后的媒介技术历史，以人机关系的演变为视角，以身体为线索，考察媒介技术的演变逻辑，并在此基础上描绘其未来图景。

## 一、二元分隔的人机关系形塑"去身体化"的媒介

人类目前所经历的三次工业革命就其本质而言均为机器革命[⑧]，以蒸汽机、内燃

---

① 张一兵.斯蒂格勒《技术与时间》构境论解读[M].上海：上海人民出版社，2018：94.

② 米切姆.通过技术思考——工程与哲学之间[M].陈凡，秦书生，译.沈阳：辽宁人民出版社，2008：31－32.

③ 马克思，恩格斯.马克思恩格斯全集(第23卷)[M].北京：人民出版社，1972：203－204.

④ 盖伦.技术时代的人类心灵：工业社会的社会心理问题[M].何兆武，何冰，译.上海：上海世纪出版集团，2008：3.

⑤ 于雪，王前.人机关系：基于中国文化的机体哲学分析[J].科学技术哲学研究.2017(1)：97－102.

⑥ 曹素贞，张金桐.5G技术赋能：媒介生态变迁与传播图景重塑[J].当代传播.2020(2)：37－40.

⑦ 吕尚彬，黄荣.智能技术体"域定"传媒的三重境界：未来世界传播图景展望[J].现代传播.2018(11)：37－45.

⑧ 布莱恩约弗森，麦卡菲.第二次机器革命[M].蒋永军，译.北京：中信出版社，2014：9.

机、电力等技术为代表的第一次机器革命给人类带来了能源驱动方式的革新,以计算机和其他数字技术为代表的第二次机器革命则完成了机器的智能化转向。两次机器革命因其不同的技术变革以及由此催生的生产逻辑和社会形态,对人机关系产生了截然不同的影响。现代机器肇始于第一次机器革命,现代意义上的人机关系议题也发轫于此。此时人机关系在既有的离身传统以及“去人化”机器生产逻辑的双重影响下,形成二元分隔、互相对立的紧张态势,“去身体化”成为该时代媒介技术的突出特征。

### (一)离身传统:肉身限制与“在场”愿景

“去身体化”的媒介技术排斥肉身的直接参与,转而追求身体缺席的“在场”,这种“在场”往往通过对人体单一感官的调用和对其他感官的排斥实现,如广播、电话等。媒介技术对作为整体的身体的排斥某种程度上源自人类交流的离身传统。离身传统是人类在交流中期望实现身体在场而又受制于肉身能力,进而在努力突破肉身限制的过程中逐渐形成的。面对面交流是人类最日常的交流状态,交流双方亲自在场,神态、表情、动作、语调等交流因素俱全,信息丰富度最高,因此也是人类最理想的交流方式。为了实现跨时空交流,人不得不运用文字、声电等中介,通过构建符号意义上的身体或对整体感知进行切割与强化来替代肉身。其在突破肉身限制的同时,也完成了对肉身的排斥。肉身限制与“在场”愿景间形成无法调和的冲突。交流是目的,而“在场”是理想,当肉身成为阻隔交流的障碍时,也就成为势必要舍去的“皮囊”。在中介辅助下,交流达成,“亲自”越发模糊不清,人类的媒介技术史由此被敷上一层浓重的“去身体化”色彩。追求身体的“缺席”以确保基本交流的实现,凝练为人类对中介化传播重精神交往而轻肉体实践的离身化传统。

另一方面,虽然人类迫于身体局限不得不“鸿雁传书”,但身体在场的面对面交流,始终是人类不懈追求的目标和努力达成的理想境况。随着电话、广播等能够让人脱离肉体,跨越时空“显身”并实现交流的新视听媒介的出现,人类对交流中“实体”的渴望被再度激发。当距离不再是难以跨越的天堑,“面对面”的交流自然未来可期。正如彼得斯(John Durham Peters)所言:“如果说,在过去,交流的成功是一门‘跨越鸿沟去触摸’的艺术,是为了克服中介性的身体去触摸另一个人的灵魂的话;那么到了电子媒介时代,同样作为一门艺术,交流的成功就变成了跨越中介性的灵魂去触摸另一个人的身体。”①

① 彼得斯.对空言说:传播的观念史[M].邓建国,译.上海:上海译文出版社,2017:326.

离身化传统直接影响了人类的认知方式,以离身认知为标志的第一代认知科学便是离身传统的产物。离身认知主张心智或认知在功能上能够脱离人的身体而独立存在。确立当下主导性的自由个体主义身体观的洛克(John Luck)认为,个体在感知世界的过程之中将世界的零碎片段储存到自己身上,①身体成为存放个体内部性的容器。第一代认知科学的代表人物笛卡尔(René Descartes)曾言"我思故我在",指出身体与心灵二元分立。后来者拉美特里(Lamettrie)则走向了另一个极端,他希望通过论证"人是机器"来实现身体与心灵在机械论因果律支配下的统一,弥合因身心二分带来的理论缺陷,实质上却更加强化了这一认知基础。

当认知可脱离于身体时,运用物理装置对其加以模仿和计算也就顺理成章。以"图灵机算法可计算"这一核心概念为基础,认知科学领域逐渐形成"认知可计算主义"的研究纲领,其核心是"认知的本质是计算"。② 当下蓬勃发展的人工智能技术便以离身认知及计算主义为理念基础,电子计算机的诞生使人们看到物理装置在展现人类智能方面所具备的潜能,Siri、小爱同学、Alex 等能够以真人口吻与用户交互并提供服务的智能语音助手也是离身认知指导下的典型产物。

### (二)机器革命:去人化生产逻辑的社会化

于第一次机器革命中诞生的大型机械改变了人类单纯依靠自身身体和手工工具从事生产活动的模式,其突破了人力和畜力的限制,使社会生产力实现极大飞跃。在机器革命的推动下,机器大工业取代工场手工业,其生产逻辑也由以人为中心的手工作坊生产转变为以机器为中心的流水线生产和自动化生产。

流水线生产解决的是产品的标准化问题,自动化生产则在产品标准一致的基础上,进行高效的资本增值。在此生产逻辑下,人与机器的主体关系被倒置,原本属于人的生产技能被机器"剥夺"。在运转不息的机器面前,人成为"效率"和"标准"的对立面,不得不转而从事连续性、重复性的劳动,沦为机器的附庸。机器不再是人手中握有、依靠身体发挥作用的工具,而是能够自主运转,并且在脱离身体后产生远超人类肉体能力的独立本体。因此第一次机器革命的生产逻辑本质上就是一种"去人化"生产或"离身化"生产。在资本的驱使下,生产活动越发趋向"去人化",机器与人逐渐形成替代与被替代的紧张关系。正如马克思所言,在一定量资本所提供的剩余价值的两个因素中,机器要提高一个因素,要提高剩余价值率,就只有减少另一个因素,减少工人

---

① 彼得斯.对空言说:传播的观念史[M].邓建国,译.上海:上海译文出版社,2017:126.

② 刘晓力.认知科学研究纲领的困境与走向[J].中国社会科学,2003(1):99-108.

人数。[①]“去人化”与自动化等同,成为第一次机器革命所追求的目标,而这一生产逻辑也诱发了人与机器间的严重冲突和对立。

“去人化”生产逻辑不仅改变了传统的社会生产模式,还以物质实践的方式顺承并强化了绵延已久的离身传统,进而在改造世界、影响日常生活的过程中迁延至社会层面,完成其社会化。人类的离身认知经此更加巩固,并在机器设计和使用方面影响着媒介技术的走向。此阶段的媒介技术如电报、电话等以电流传输的方式,再现人类局部“肉身”如声音,在排斥活的身体的基础上,完成对身体的模拟或“再造”,进而达成压缩时空的交流。媒介的“去身体化”便在机器革命的生产逻辑和离身传统的双重作用下被形塑。

### (三)作为观察者的人:感官抽离与延伸

工业机械技术和信息技术影响下的“去身体化”媒介技术以增强/延伸或转换人体感官的方式,塑造着人与世界的关系。麦克卢汉在其著作中指出,“在机械时代,我们完成了身体的空间延伸。今天经过一个世纪的电力技术发展以后,我们的中枢神经系统又得到了延伸,以至于能拥抱全球。……我们正在迅速逼近人类延伸的最后一个阶段——从技术上模拟意识的阶段。”[②]他认为,在媒介技术的辅助下,人类将会经历肢体延伸和中枢神经系统延伸,最终走向意识延伸。媒介技术对人体的延伸抑或转换,均建立于对整体身体感知的肢解和抽离的基础上。强化视觉的文字、强化听觉的广播以及强化视、听觉的电视等,人的感官被抽离并被媒介技术外化,且独立于身体,成为人类所倚仗的认识世界的中介和手段。媒介脱离肉身意味着它们占据独一无二的空间,由此与具身主体保持了距离,为两者缔结亲密的组合关系设置了前提。[③] 与身体无涉的媒介技术成为连接人与世界的桥梁和前者观察后者的“镜片”。借助媒介技术,人更多是以观察者的角色与世界建立关联。在运用“去身体化”媒介进行具体实践的过程中,被抽离的身体感官因支离破碎而被忽视,也因此进一步加深了人们对于媒介具有自主性且独立于人存在的认知。

## 二、人机互嵌下身体在媒介中的“正在回归”

随着人工智能技术的发展,人与机器正在走向相互渗透、相互嵌入的融合共生阶

① 马克思.资本论(第1卷)[M].北京:人民出版社,2018 :468.

② 麦克卢汉.理解媒介:论人的延伸[M].何道宽,译.南京:译林出版社,2011:4.

③ 刘婷,张卓.身体—媒介/技术:麦克卢汉思想被忽视的维度[J].新闻与传播研究,2018(5):46 –68.

段，在此现实逻辑下，身体的重要性不断提高，媒介技术呈现出身体正在“回归”的演变趋势。

（一）从驱斥到融合：人机互嵌昭示身体回归

二元分隔的人机关系在现实中主要表现为人机辅助，这种辅助建立在二者相互独立的前提下。机器自行运转抑或供人使用，辅助人完成力所不逮的工作，并满足人娱乐、与他人建立关系、获取信息等需求；而人也在机器设计、能源供给、运作保养等方面对机器施以作用。在人机二元分隔的情况下，针对机器异化的批判开始出现。人因为过度依赖机器辅助，反而被机器所驾驭，成为机器的“座驾”。这反映出第一次机器革命以来人类对人机关系的主流看法——人与机器间是一种单向的、内在互斥的线性关系。

对二元分隔的人机关系的冲击首先源自以计算机和其他数字技术为代表的第二次机器革命。以离身认知为理论基础的人工智能忽视身体的作用，专注于在“去身体化”的基础上实现人工心智。但身心二元论本身在理论和实证角度即存在漏洞：以笛卡尔和拉美特里两个极端为例，要么将一切归结为精神，人成为一个超然的意识主体（笛卡尔）；要么就将一切归结为物质，人反而成为机器（拉美特里）。[①] 在实践层面，实现不同层次认知水平的生物神经系统不同于计算机软硬件，很难为表征主义和功能主义的计算所充分刻画。[②] 面对此困境，认知科学、哲学、机器人学和语言学的研究者们越来越多地意识到，认知的表征和操作根本在于他们的物理情景之中。[③] 否定“离身认知”，主张认知或心智与身体不可分的第二代认知科学为人工智能的进一步发展提供了新的方向——身体。第二代认知科学的代表人物如梅洛—庞蒂（Merleau - Ponty）等认为身体在认知过程中发挥着至关重要的作用，人类的认知及心智主要是被身体的动作和形式所决定的。[④]对认知具有重要作用的身体因此由被放逐的状态再度回到机器设计及使用的视野中。罗德尼 · 布鲁克斯（Rodney Brooks）甚至认为，为了使机器人获得真正的智能，必须实现它的“躯体化”。[⑤] 人类身体成为提升机器智能水平的可行要素。

大数据技术赋予人类强大的数据挖掘与分析能力，使得个性化需求的采集与提供成为可能。智能时代的社会生产一改大工业时代的大批量、粗放式生产，转为小批量、

---

① 季晓峰. 论梅洛 - 庞蒂的身体现象学对身心二元论的突破[J]. 东南学术，2010(2)：154 - 162.

② 李恒威，黄华新. “第二代认知科学”的认知观[J]. 哲学研究，2006(6)：92 - 99.

③④ 叶浩生. 身心二元论的困境与具身认知研究的兴起[J]. 心理科学，2011(4)：999 - 1005.

⑤ 徐献军. 论德雷福斯、现象学与人工智能[J]. 哲学分析，2017(6)：4 - 16，191.

精细化生产。个体需求的采集与获取,即需要,将直接体现人类生存状态的身体行为量化为可计算的数据,信息浏览行为、身体位置信息等均成为智能机器进行需求判断、产品生产、服务提供以及性能优化的基础材料。在再生产人类数据的基础上,智能机器为人类提供了更复杂的认知成果,而这反过来也可以提升机器自身的智能水平。第一次机器革命的生产追求标准化与自动化,是一种摆脱"人"的生产,而智能时代的机器生产则极度依赖人的参与。一方面人将身体信息提供给机器,以满足自我需求;另一方面机器借由用户数据,实现自我迭代,此时人与机器共同成为社会生产的必要构件。

随着智能机器在社会各领域的广泛应用和深度介入,由此带来的人机协同生产模式也塑造着新型人机关系。卢德分子担心,机器自动化水平的不断提高会造成人工职业的逐渐消亡。目前,智能机器只能替代人从事高重复性、低技能的工作,人类传统职业被压缩,但技能密度及价值密度更高的工作也被不断催生。此时更需要人类充分发挥主观能动性,从事附加值更高的创造性工作。以新闻传播生产领域的人机协作为例,新华社智能化编辑部的时政动漫短视频生产平台基于拖素材、选动作、AI 配音配乐等智能功能,可以让非动漫专业采编人员轻松上手,最快 3 个小时就可生产一条动画新闻;百度公司研发的百度大脑具备标题推荐、自动摘要和自动标签技术,可以为创作者提供推荐的标题,还可以用简短的文字概括一篇创作内容,并在内容创作完成后为文字、图像和视频打上合适的标签,内容生产效率和质量得到明显提升。人机耦合下的生产效率和效果比单独由人或机器完成的都更好。就此而言,智能机器于社会生产中的介入推动了人类自身的解放和向上发展。在人机协同的生产模式下,人与机器由既往替代与被替代的对抗状态,发展成为相互解放、协作互依的互嵌关系。

### (二)身体的"半回归":以离身认知为基础的技术具身

虚拟主播、语音助手等可以充分模拟人体、代替部分人类工作的技术在不断完善;视频聊天、全息投影等交互应用让对话双方无须到场就能实现交流。曾经外在的机器逐渐转至人体内部,人与机器渐至难分彼此。智能手机在当下已经成为我们很难脱离的"电子器官",各类穿戴设备如耳机等也时刻伴随现代人左右。人与媒介的交互使得媒介技术逐渐成为具身于人类的"义肢"和"第三持存",成为人类意识和生存经验中不可或缺的部分。① 总体呈现出身体成为技术的一部分与技术成为身体的一部分

① 芮必峰,孙爽.从离身到具身——媒介技术的生存论转向[J].国际新闻界,2020(5):7-17.

的双向交融。① 以智能算法为例，作为当前社会信息分发的重要主体，算法通过挖掘、采集并分析用户的行为数据和内容数据，建构并不断更新用户的数字身体，借此实现用户需求与服务间的精准匹配。用户数字身体的构建依据的是其肉身行为，人类身体成为勾连虚拟空间与实体空间的交互界面。媒介技术与身体由此处于一种唐·伊德所言的"技术具身"关系中，使用媒介技术的人处于"上手"的状态。譬如人透过眼镜看花朵，只注意到花的颜色，却未注意到眼镜的存在。技术以完全"透明"的状态具身于人，被人使用，共同构成与世界产生联系的主体。

值得注意的是，当下的媒介技术主要建立在离身认知的基础上，其目的在于脱离身体以追求媒介的独立存在，因此媒介技术中的身体仍处于"半回归"之中。算法所依托的数字身体即为此类技术具身的典型。算法通过具于身体，收集身体的各类数据，构建数字身体并据此采取行动。数字身体是人类在网络空间中的自我符号身体，但其并不等同于我们的真实身体。互联网所构造的"身体二"，虽然与"身体一"息息相关，但却是"那种更被动的或更边缘的、向准离身性的视角转变的虚拟身体"。② 受算法"类标签"构型规则的限制，数字身体不能完全反映真实身体，反而会有因真实身体被部分遮蔽而诱发信息推送偏差，进而控制个体信息环境的风险。AI 新闻主播同样具备强烈的离身认知色彩，其离身认知体现在：尝试离开真人主播身体，转而通过提取真人在播报中的语音、唇形、动作和形象等，运用智能合成和深度学习等技术，将所输入文本自动生成相应内容的智能音视频，最终展现与真人主播类似的新闻播报效果。③ 在离身认知的指引下，身体成为被描摹的"真迹"，重要的是描摹过程，即离身过程，身体只是技术用作离身的手段。

### （三）作为体验者的人：感官统合与拓展

"去身体化"的媒介技术通过肢解、抽离并延伸人的感知达成跨越时空的交流，而"回归身体"的媒介技术则将以往被肢解的人类感知加以统合并进行拓展，作为整体的身体感重新参与到传播活动中来。此时媒介技术在统合人感官的基础上，不是仅单向"延伸"其功能，而是予以多方位拓展，具备一种"生成"的特性。所谓"生成"，即人类在使用媒介与世界相联系的过程中，产生新的认知，并创造出新的世界，例如人类通过天文望远镜观测宇宙，由此发展出一系列的科学观念、天文知识等。作为整体的身体感的拓展之所以可能，在于媒介技术具于人后诞生的人机互嵌的身体以及由此形成

① 张峰，彭志飞. 大数据时代"人的信息身体"的维度探析[J]. 自然辩证法研究，2018(12)：82－86.

② DON I. Bodies in technology[M]. Minneapolis：University of Minnesota Press，2002：6.

③ 於春. 传播中的离身与具身：人工智能新闻主播的认知交互[J]. 国际新闻界，2020(5)：35－50.

的身体认知。媒介技术实体——机器的嵌入创造出新的身体感知框架,不同的身体导致不同的身体体验,由此又造就了认知上的差异。① VR、AR、MR 等多感知交互技术为参与者构建了全新的交互场景,在交互中激活身体的多个感官,不同个体因身体感知框架的不同而产生对该场景的独特体验。伴随机械的电子化和智能化,谷歌眼镜等可穿戴设备以及可植入式芯片的出现,身体与机器的结合越发紧密,且逐渐由外在的肢体转向内在的意识。不同于“去身体化”媒介与人无涉的独立姿态,身体“回归”下的媒介技术逐渐嵌入肉身。在日常实践中,作为介质的机器隐匿,与人一道成为主体。此时人“亲身”参与到传播中,以“体验”而非“观察”的方式与世界建立联系。

## 三、身体与机器的双向回归:媒介技术的未来图景

进入数据时代的人类不再进行直接的物质实践,转而进行数据的生产,智能机器加载运行人类数据成果,控制并协调各种机械设备对自然生态进行改造。② 我们的生存环境和生存条件很大程度上被智能机器所塑造,机器已然成为现代社会的基础设施。当机器成为一种环境因素,伴随其智能水平的不断提高,其与人的关系会愈加紧密,人机关系也必将由互嵌走向互依度更高、竞争性更强的共生演化关系。

“共生”既是对人与机器间关系属性的界定,同时也凝结出相应的人类生存境况。人机共生是双向的,机器与身体同构且依赖身体实现进化,通过嵌入特定的社会及文化背景中,抓取环境信息,从而应对并改造环境。技术具身意味着,技术不能再仅仅被理解为外在于身体的工具,而是逐渐融入人们的身体经验中。③ 因此“身体”既是人与机器共生关系成立的条件,也是共生关系得以持续的内容。以“身体”为维度,人机共生即体现为人与体内机器及体外机器的共生,社会嵌入性(体外)和肉体嵌入性(体内)成为智能时代机器的典型特征。在此基础上,本文将人机共生抽象为社会面共生及生理面共生。社会面共生,表现为逐渐具备“主体性”的人工智能与人类交流并建立关系;生理面共生,表现为智能机器嵌入人类肉体。

### (一)社会面共生:机器嵌入社会激活身体经验

建立于离身认知基础上的人工智能技术,运用联结主义、符号主义和行为主义三

---

① 叶浩生.“具身”涵义的理论辨析[J].心理学报.2014(7):1032 - 1042.

② 吴铮.生态转换与人机共生:人类与人工智能存在的关系研究[J].人民论坛·学术前沿,2020(11):108 - 111.

③ 谢新洲,何雨蔚.重启感官与再造真实:社会机器人智媒体的主体、具身及其关系[J].新闻爱好者,2020(11):15 - 20.

种运算方式,对包括情感智能、认知智能、运动智能等在内的人类智能加以模拟。但其只将身体视为离身手段,实质上是技术对身体的被动回溯而非身体的主动延伸,因而目前仍无法做到对人类智能的完整模拟。以具身认知为核心的第二代认知科学的兴起,则为机器智能水平的突破提供了可能的路径。当下诸多智能机器均混合了离身与具身要素,人类外表、声线、动作与神态是目前人工智能所着重采用的呈现方式。

在做到“形似”的基础上,有学者提出情感计算理论,其目标是赋予计算机感知、理解以及表达情感的能力。他们认为情感能力是人类智能的重要标志,①只有将逻辑计算与情感计算有机融合,才能实现真正的人工智能,使其超越“形似”,达到“神似”。情感计算的核心技术主要包括:情感信号的获取、情感状态的识别、情感理解和反馈以及情感表达,情感信号则包括语音、面部表情、手势、站姿等体态语以及脉搏、皮肤电等生理指标。② 情感状态的识别与理解需要智能机器在分析情感信号的基础上,结合人类情绪的产生情境方能完成,并据此作出相应的情感表达,而交流情境又与人类身体紧密相关。对人工智能而言,与其进行交互的人类身体变成一种环境,被其感知、模仿和使用。③ 围绕身体,对人类情绪的感知以及交流情境的复现,将成为未来人工智能的重点发展方向。

随着机器智能程度的不断提高,越来越多的学者放弃主客二分的人机交互(HCI)概念,转而从人机传播(HMC)的视角再思机器于传播中的角色。人机传播认为机器逐渐开始扮演传统意义上人类的角色,人与机器之间的传播也会建立和影响社会关系。④ 特伦斯·冯指出,社会嵌入性具有三个特征:一是置身于社会环境中与其他的智能体和人类互动;二是在结构上与其他社会环境相结合;三是至少在一定程度上能够参与并影响人类的互动结构。⑤ AI 主播、智能音箱、社交机器人等人工智能机器人从人类外在声貌入手,结合自然语言处理和自然语言生成技术,形塑出类人的交流形象。鉴于机器的类人特征以及使用者的个体需要,人会在与机器交互的过程中将其不自觉想象或有意驯化为超越工具的社交对象。由此人工智能扮演着信息生产者、实践

① 戈尔曼. 情感智商[M]. 耿文秀,查波,译. 上海:上海科学技术出版社,1997.

② 张迎辉,林学誾. 情感可以计算——情感计算综述[J]. 计算机科学,2008(5):5-8.

③ 谢新洲,何雨蔚. 重启感官与再造真实:社会机器人智媒体的主体、具身及其关系[J]. 新闻爱好者,2020(11):15-20.

④ SPENCE P R. Searching for questions, original thoughts, or advancing theory: Human-machine communication[J]. Computers in human behavior, vol. 90, 2019: 285-287.

⑤ FONG T., NOURBAKHSH I, DAUTENHAHN K. A survey of socially interactive robots[J]. Robotics and autonomous systems, vol. 42, 2002(3): 143-166.

情感劳动的交往对象以及社交网络中的技术中介者[①]等多重身份。一方面,人工智能择取并学习人类的身体经验,与人通过语音、文字等进行实时双向交互,最大限度地还原人际间交流情境,建立起新的人际、人机以及机器间关系,智能机器以能动的他者形象嵌入人们的日常生活中。另一方面,通过对人类身体经验如语音的调动,智能机器实现了人类身体的在场参与和亲自体验。

虽然类人型人工智能并不仅限于采用人类外貌、声音等方式(其拓展空间还在于对交流情境形成自主认知和双向学习,对于身体经验的深刻洞察,最终形成自组织、自涌现、自适应的非有机智慧体),但人工智能由静态的联结交流双方的客体转向动态的参与交流的主体,却是确定的趋势。自人类传播开始通过工业化的生产而展开之时起,传播就与中介不可分割。[②] 当人工智能由被动的交互对象转为能动的交流主体时,传统界面被消解,人机传播情境将臻至无中介的面对面交流。

人类在与他人面对面交流的过程中不断习得并积累身体经验,如特定交流情境下的语音、语调、动作、神态等。界面通过对身体感知的择取实现交流目的,中介化交流的形式及其自身属性与中介所调用或排斥的身体感知息息相关,例如打电话之于听觉、写信之于触觉。由具备特定框限的中介所组织的交流情境与现实相异,一方面,中介化交流择取并放大单一感知,感知的强化与放大打破了面对面交流中多种表达方式的配合,需要人围绕该感知进行原有身体经验的再学习和再积累;另一方面,调用多感官构造的交流情境因中介的限制而偏离真实的面对面交流,即便在双方面容可见的视频聊天中,也需要交流者进行原有身体经验的重新分配。因此,交流中界面的存在往往意味着其对面对面身体经验的切割、转换与强化。界面的消解则代表着交流中人类整全性感知框架的复兴和面对面身体经验的直接调用。非言语表达如手势、面部表情、肢体语言构成了人际交流,并赋予其触感……这种触感不是指身体上的接触,而是指人类感知的多维度和多层次。[③] 人机间的准人际交往建立在"身体"之上,可以预见,随着机器对人类情感和身体经验的理解不断深入,未来的人机交流将由单一的言语表达逐渐拓展至信息含量更高、感知度更丰富的非言语表达,类人型人工智能在情感认知基础上达成对人际交流情境的再现,人类身体经验在其中被充分激活。

---

① 蔡润芳.人机社交传播与自动传播技术的社会建构——基于欧美学界对 Socialbots 的研究讨论[J].当代传播,2017(6):53-58.

② ROGER S. The sociology of mediation and communication[M]//The Sage handbook of sociology, London: Sage, 2005:188-207.

③ 韩炳哲.在群中[M].程巍,译.北京:中信出版社,2019:34.

### (二)生理面共生:机器嵌入肉身延展身体经验

身体在场的意义在于非言语信息的生产和捕捉,这是体外化媒介往往忽视且难以实现的地方。① 智能机器需要嵌入人类的生理结构中,以传感器的形态进行信息的采集、挖掘与分析。另一方面,这些存在于人身体上的设备,促进了人的赛博格化,带来了人的能力的增强。② 孙玮将这种人类身体与身体性能经由机械等无机物的拓展,进而超越人体限制所产生的新型主体称之为赛博人。③

人体感知是对外部世界的内部模拟再现,机器对人体的生理性嵌入实现其对模拟数据的提取,以将"世界带入设备"④的方式完成自我进化。更重要的是,当机器与人类神经系统相接,其也成为人体感知框架的一部分,以机器传感代替、强化或增加人体感知。身体在技术上铭刻了人的属性,技术也将其独特的结构和逻辑镌刻在具身性个体的感知、行动上。⑤ 如果说以往人类借由外在物如拐杖、望远镜等外化感官感知世界;那么机器嵌入肉体的赛博人则将机器传感内化,内部传感器将外部世界与神经系统相勾连。有机体与无机物的混融使得人类的感知框架得到重组。此时人类感知根据智能机器的特性而改变,不同个体因所嵌入机器的不同而具备不同的感知框架。除此之外,智能机器建立在数理逻辑上的分类方式异于人类,其通过提供新传感的方式进行机器认知的涉入,为人类提供了解析世界的新视角,人类自我经验的界限和可供拓展空间也得以呈现。

具身总是与我们的身体相关并最终体现在我们的身体上,麦克卢汉认为,身体具有"储存经验的能力"和"转换经验的手段"。⑥ 身体感知框架的改变产生与"原生"感知相异的身体经验,人类的身体经验在新的感知实践中得到丰富和延展。当身体成为人机共生的混合体和直面虚实网络的界面时,也意味着人类使用和改造自然身体的方式、经验和技巧,即身体技术⑦的重要性越发凸显。嵌入性机器功能的发挥及其对身

① 姬德强,高玉炜.隐喻还是现象:重思传播学视域下的身体问题[J].南昌大学学报(人文社会科学版),2020(2):89-95.

② 彭兰.智能时代人的数字化生存——可分离的"虚拟实体"、"数字化元件"与不会消失的"具身性"[J].新闻记者,2019(12):4-12.

③ 孙玮.赛博人:后人类时代的媒介融合[J].新闻记者,2018(6):4-11.

④ Cariani, P. "Epistemic autonomy through adaptive sensing," in Proceedings of the 1998 IEEE International Symposium on Intelligent Control (ISIC) Held Jointly with IEEE International Symposium on Computational Intelligence in Robotics and Automation (CIRA) Intell, Gaithersburg MD: IEEE, 1998:718-723.

⑤ 刘婷,张卓.身体—媒介/技术:麦克卢汉思想被忽视的维度[J].新闻与传播研究.2018(5):46-68.

⑥ 麦克卢汉.理解媒介:论人的延伸[M].何道宽,译.南京:译林出版社,2011:79-80.

⑦ 王皓.论"身体技术延展"的辩证过程[J].科学技术哲学研究,2020(1):68-72.

体的赋能均建立于肉体之上,人类以被中介化的肉身,直接参与到物质实践中。此时根源于身体的先赋及获致技能(如睡觉、游泳等技能技巧),而非运用外在工具的习得性技能,将成为媒介技术的主要使用方式。

### (三)走向“存有”:身体与机器双向回归下的媒介

一方面,类人型人工智能以人类的面貌与姿态嵌入社会结构,构建人际交流情境,激活人类面对面交流的身体经验;另一方面,智能机器以传感器的形态嵌入人类肉体,通过重组人类身体感知框架,再次发掘其身体经验。身体的社会意涵与生理潜能成为媒介技术发展的着眼点。不同于离身认知下身体作为机器的“去身体化”手段,身体表现为对机器的单向回归;也不同于机器对身体能力的外在增幅,机器表现为身体的单向回归,未来的媒介技术图景体现为身体与机器的双向回归。身体成为机器的载体和驱动要素,机器则成为增强身体的手段,人成为媒介技术的核心。在身体与机器的双向回归下,机器借由参与身体的具身实践增长其智能,身体则在机器对其内向维度的开发利用中被赋能,机器人和人类共同成为一个二元体系,这也使得他们成为彼此的衡量尺度。①

人类的栖居深受传播载体所塑造……留声机、收音机和计算机都影响了事物是如何形成的、如何被管理的以及由谁来管理的。② 当机器作为人类生活的基础设施,深刻介入到人类社会和肉身中,身体与机器的双向回归使得人类成为终极媒介,媒介即人,人即媒介。人类的媒介实践与日常生活的区隔正在逐渐消失,媒介化生存正在成为人类的整体生存方式与日常生活状态。③ 当人与媒介融为一体,人类记忆也将更多地由外存式返回自身,机器的嵌入使个体的生命历史乃至整个人类的生命记录成为可能,媒介的边界超越信息通信的传统范畴,其同时也包含了人类存有状态的内容。媒介成为我们行动和存有的栖居之地和凭借之物,其概念也由“讯息”层面拓展至“栖居”(habitats)层面。④ 媒介的生存意义得到彰显。就此而言,身体与机器的双向回归不仅仅只是媒介技术的未来图景,同时也是未来人类可能的生存境况。

---

① 海勒.计算人类[J].黄斐,曹书乐,许若文,译.全球传媒学刊,2019(1):28-46.
② 彼得斯.奇云:媒介即存有[M].邓建国,译.上海:复旦大学出版社,2020:128.
③ 孙玮.媒介化生存:文明转型与新型人类的诞生[M].探索与争鸣,2020(6):15-17,157.
④ 彼得斯.奇云:媒介即存有[M].邓建国,译.上海:复旦大学出版社,2020:17.

## 四、结语

身体与机器的双向回归连接了更多的物理因素、社会因素和生理因素，构成了一个复杂的共生系统。人机共生、人机合一的社会形态与存在方式需要我们重新思考人类的主体地位。当媒介走向“存有”，传播学的重点观照也理应由内容转向媒介—人自身。什么是人？人如何存有于世？对人类生存境况的探讨和对人之为人的思考将会是未来传播学研究的重点。在媒介的生存意涵不断凸显的当下，我们也要注意到，机器对人的深度嵌入与透明化趋向一方面造就了“媒介即人”，另一方面也会因其技术规则的限制，造成遮蔽与扭曲现实的风险，进而偏离“媒介为人”的初衷。人机共生建立在身体与机器的双向回归基础之上，如果仍操持将身体视为机器离身手段的观念，那么结果只会是身体成为机器的“配件”，人类主体性被逐渐消解。从人机关系的演变来看，人与机器经历了截然二分到渐趋融合的过程，身体是贯穿始终的主轴。在身体基础上进行人机关系的建设与发展，既是人与机器实现价值共谋、相互解放的保证，也是人类文明在飞速发展的技术面前保持清醒与警惕的根本。

（洪杰文，武汉大学新闻与传播学院教授，博士生导师；陈嵘伟，武汉大学新闻与传播学院研究生）

# 教育行业典型舆情的把握及应对举措

**Grasp of Typical Public Opinion Involving the Education Industry and Adoption of Response Measures**

◈ 黄丽媛　田琴

Huang Liyuan　Tian Qin

**摘要:**近年来,互联网愈加发达,各新型社交平台不断涌现,教育行业舆情也呈多发之势。高校里发生的每一个舆情事件都有可能发酵为网络舆情。因此,提高对教育行业典型网络舆情的处置与应对能力成为维护校园安全与稳定的必要手段。

**Abstract:** In recent years, the Internet has become more and more developed, new social media platforms have emerged, and the public is increasingly expressing their opinions on the education industry. Every event that happens in colleges and universities may trigger a big online discussion. Therefore, improving the ability to handle and respond to typical online public opinion involving the education industry is a necessary means to maintain campus security and stability.

**关键词:**高校;舆情处置;舆情应对

**Keywords:** Colleges and universities, Disposal of public opinion, Response to public opinion

近年来,教育行业舆情事件频发,学术不端、校园安全、师德师风、教育公平等问题频频引发社会热议。教育事关千家万户的切身利益。教育行业舆情本身蕴含着一种真实的民生诉求,每一起个案,都可能引发舆论对深层次问题的思考。

## 一、教育行业典型舆情爆发原因分析

### (一)学校管理者应对舆情处置失当成为舆情爆发的主因之一

如成都第四十九中学生坠楼事件,因校方回应不及时备受网民争议,导致舆论场滋生大量网络谣言和未经证实的匿名信息,让情绪化的表达代替理性客观的讨论,严重损害了学校形象。

(二)家长网络“追因”引发关注,监控“失效”等细节加剧舆论声讨

学生在校身亡事件中,家长为了“寻求真相”而不得不从线下转移至线上,往往经历了与校方沟通无果,甚至无法接受官方调查结果的心路历程。在此期间积压的对“校方隐瞒、包庇”的质疑,随着“遗失监控”“不允许向学生、老师询问”等细节而被无限放大。这些信息一经发布,便容易引发舆论高度关注,掀起舆论对校方的大面积声讨,甚至出现谣言。

(三)家长造谣式维权事件频现,其弱势地位更易引起公众共情

在负面舆情事件中,家长因处于弱势地位更易获得公众支持,但也不乏存在家长为维权夸大事实、博取同情的现象。如成都第四十九中学生坠楼事件,涉事家长称,学校不让看监控,但事实是,学校让看了监控,但是家长认为缺失关键环节,所以说没有看到监控,这一说法成为引爆该事件的关键节点之一,直到最终该说法发生反转。再如上海一名家长曾爆料称,其女儿被学校老师威胁殴打、遭体罚吐血,但在警方介入调查后,发帖人承认相关情节系为扩大影响而故意编造。

(四)教师群体“崇高”形象与个体失范行为形成落差,或使其陷入“信任危机”

近年来,个别教师利用学生与家长的信任,组织明星应援、向家长借贷赌博,引发舆论哗然。甚至出现“教师天团”等标签化、污名化称谓。加之近年来,随着高校教师涉嫌论文抄袭、学术造假及性侵学生等事件不断被曝光,教师群体形象不断遭到冲击,一旦教师群体被卷入争议事件,容易产生“小错被放大”“无错被炒作”的信任危机,严重影响了教师群体形象。

(五)老师作为举报主体扩大影响力,细节曝光引发舆论质疑

与学生、家长相比,教师群体凭借其职业“光环”受到民众较高信赖,因此,“教师自发举报”类事件更容易引发舆论关注,如某乡村女教师李某某发表“疲于应对上级检查,教学工作大受影响”言论后迅速掀起舆论热议;再如河南焦作某女教师举报评职称黑幕被责令停课,尽管校方回应称其“发布不实信息”,但此事仍然引发舆论持续质疑。

## 二、教育教学和管理服务成为教育行业两大典型且高发的舆情类别

教育教学包括导学纠纷、师德师风、言行不当、学生就业、学生自杀、学术不端、考

试制度、升学教育、返校政策、教育公平、就业“掺水”、强制实习等典型问题。如2021年4月,某高校一硕士研究生坠楼身亡,后警察初步判定为高空坠落,排除他杀。该事件在舆论场扩散后,网民纷纷呼吁各高校加强对学生的心理疏导,尤其是研究生群体,经常性出现焦虑情绪,且青春丧文化在高校流行后,会让部分学生将“为赋新词强说愁”的感性演化为对未来的担忧,有的人无所适从后就会出现极端行为。

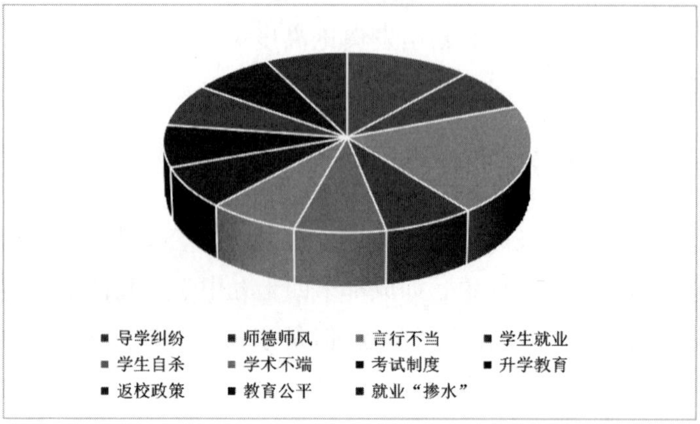


**图1 教育教学类典型舆情占比**

在管理服务方面,舆论关注领域主要涉及教师性骚扰、留学生超国民待遇、放假安排、校园霸凌、校园管理、校内交通、消防安全、食品安全、学生失联、信息安全等问题。随着我国教师队伍规模不断扩大,高校教师性骚扰学生的事件也屡有发生。如近日,教育部公开曝光一批违反教师职业行为十项准则典型案例,其中,某高校教师乌某、高某因性骚扰学生等问题,受到开除党籍、岗位降级、撤销教师资格、列入教师资格限制库等处理。

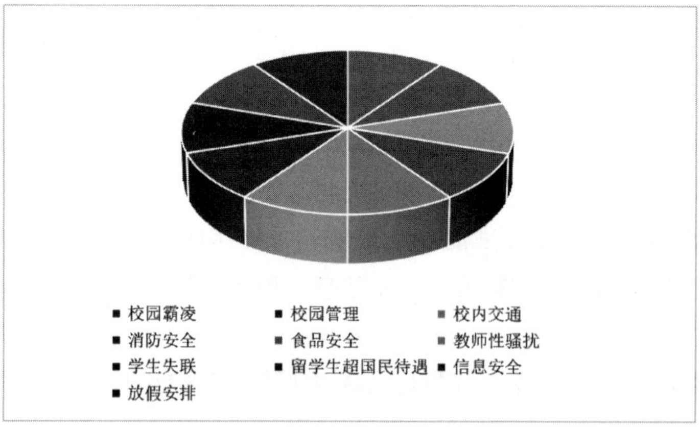


**图2 管理服务类典型舆情占比**

## 三、教育行业典型舆情特点

（一）负面舆情数量多，舆论不满情绪攀升

纵观近年来教育行业典型舆情，负面舆情数量最多，占比67.70%；中性舆情次之，占比20.50%；正面舆情仅占11.80%。具体来看，负面舆情主要涉及学校管理失当、教师行为失职、学生非正常死亡、教师性侵/侵害/猥亵学生、教育公平、学生学业压力大等话题。正面舆情多围绕高考话题展开，如励志人物案例、正能量人物及事件传播等。整体来说，正、中、负各类舆情均较为丰富，但随着负面舆情数据的不断增加，网民的负面情绪也在积压中不断攀升。

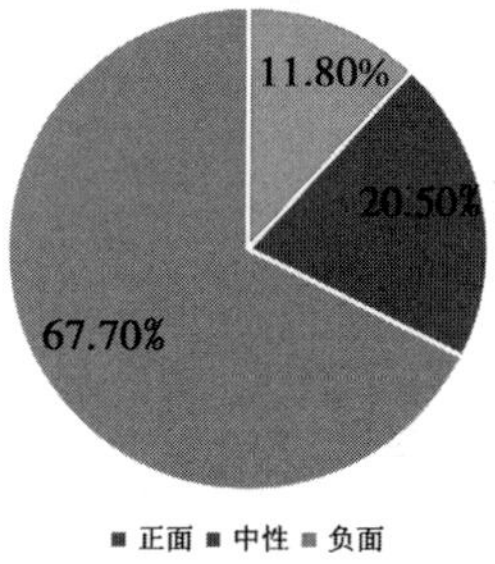

**图3 教育行业典型舆情情绪分布**

（二）长期霸占热搜，舆论烈度较强

纵观教育行业教育教学类热点舆情事件，“某大学一硕士生坠楼身亡”相关话题阅读数高达4亿，讨论量为2.4万，可见舆情热度之高；在管理服务类热点事件中，“某大学党委书记遇害身亡”一事曾长期霸占热搜，从舆情曝光到警方介入，再到官方通报结果，网民基本全程参与、全程跟踪。

**表1 教育行业教育教学类热点事件**

| 话题 | 阅读数 | 讨论数 | 类别 |
|---|---|---|---|
| 某大学一硕士生坠楼身亡 | 4亿 | 2.4万 | 导学纠纷 |
| 某学院一男生在公寓死亡 | 3.8亿 | 1.3万 | 导学纠纷 |
| 骂学生笨支教老师被取消研究生资格 | 3.6亿 | 1.3万 | 师风师德 |
| 某大学通报赵某晨造谣诽谤多名女生 | 3亿 | 4.9万 | 言行不当 |
| 西安一大学生因不当言论被退学 | 2.2亿 | 1.1万 | 言行不当 |
| 某高校回应多名考生复试0分 | 2.1亿 | 8190 | 招生录取 |
| 某大学回应招生男女不平等 | 1.5亿 | 1.6万 | 招生公平 |
| 官方调查学校强制实习赚取人头费 | 7383.9万 | 1588 | 实习就业 |
| 某省暂停独立学院与高职院校合并转设工作 | 5347.7万 | 7142 | 教育政策 |
| 某高校通报副教授被举报学术不端 | 4517.5万 | 629 | 学术不端 |

**表 2 教育行业管理服务类热点事件**

| 话题 | 阅读数 | 讨论数 | 类别 |
|---|---|---|---|
| 某大学党委书记遇害身亡 | 3.7 亿 | 1.6 万 | 校园犯罪 |
| 我求求你安个空调吧 | 2.7 亿 | 3.8 万 | 设施建设 |
| 某大学回应男留学生闯入女更衣室 | 2.7 亿 | 1.6 万 | 留学生管理 |
| 某大学辟谣女生陪男留学生过端午 | 1.8 亿 | 4376 | 留学生管理 |
| 某大学失联男生已离世 | 1.7 亿 | 1881 | 学生失联 |
| 某地大学生不许校外租房 | 1.6 亿 | 5160 | 住宿安排 |
| 某大学回应上万学生挤天桥通行 | 1.4 亿 | 2760 | 设施安全 |
| 某高校教室天花板掉落 | 1.1 亿 | 3581 | 设施安全 |
| 某大学骚扰学生副教授被解聘 | 1 亿 | 2243 | 校园犯罪 |
| 某地一高校食堂商家扔学生外卖 | 6731.3 万 | 7031 | 外卖管理 |
| 广州一高校食堂惊现老鼠 | 921.4 万 | 108 | 食品安全 |
| 某地商学院赶大三学生出校住 | 1280.8 | 4277 | 住宿安排 |

(三)疫情的出现加剧了学生与学校矛盾

自 2019 年年底新冠肺炎疫情暴发后,面对疫情防控,部分高校“一刀切”的封闭式管理多次引发舆论热议,加剧了学生与学校间的矛盾。多所高校校园防疫安全管理工作被学生吐槽不到位,如校内商品被指物价上涨、四六级考试/开学延期、假期不准出校门等问题,均让学生产生了抵触情绪,促进了舆论发酵,进而造成了“形式主义”“管理僵化”“漠视伤害学生群体利益”等负面评价。

## 四、教育行业的舆情应对及处置建议

随着互联网科技的快速发展,教育行业舆情是师生、家长、民众表达意见的一个重要渠道。教育行业的热点、难点问题本就是社会关注的焦点,若应对突发事件的能力不够、回应力不足,皆可导致学校教育形象受损。因此,学校亟须构建“事前预警防范、事中处置化解、事后修复警示”的全流程监管体系,以进一步提升教育治理能力。

(一)事前预警防范

1. 加强学校舆情监测管理工作,维护学校舆论环境的安全和稳定

高校作为容纳数万人的大集体,做好日常舆情监测及管理工作,是大幅减少舆情

发生的必要途径。所谓日常舆情监测，是以舆情监测系统为基础，通过全网巡逻的方式，开展地毯式的搜索，将智能算法与舆情监测相结合，充分发挥舆情监管模式功能，尽可能地掌握学生的思想动态，掌握学校的负面信息，然后结合人工判定，做到实时监测，随时通报；同时，归纳总结每日舆情信息，全面充分地把握整体情况，积极建设校园新闻发布平台，与意见领袖、媒体建立无障碍沟通机制并开展合作，通过日常舆情监测，做到了解社情民意，更好地为学生、教职工群体服务。

2. 提前预警防范教育教学与管理服务方面长期存在的问题

各高校应杜绝侥幸心理，针对网络上已经出现的矛盾及时调查，进行合理规避，如学生就业问题、师德师风问题、留学生超国民待遇问题等。在加强舆情意识的同时，提早建立相应的工作机制，加强日常舆情监测、主动防范。

3. 善于利用社交平台建立沟通表达机制，解决学生诉求

针对疫情防控期间，学生无法出校且学业方面压力大的问题，学校应定期举行访谈交流，与学生约谈沟通，倾听学生心声，解决学生难题。如微博、知乎平台具有信息源多样、兴趣圈丰富、信息分享快捷等特点，颇为符合学生群体的线上交互习惯，因此也成为学校了解学生对学校的看法及诉求的重要平台。疫情防控期间，学生就高校校园管理、宿舍收费、返校政策等问题展开了讨论，校方可积极在微博、知乎等平台上开设互动话题，倾听师生的利益诉求，解决未意识到的新问题，根除舆情隐患，为学校发展创造良好的舆论环境，赢得师生的积极回应和理解支持。

4. 发挥学校场域的正向功能，积极传递正能量

学校应重视对师生的媒介素养教育，提高师生的政治理论水平和政治素养，加强思想道德建设、心理健康教育及人身安全教育，增强社会责任感，以便师生更好地认识新媒体、利用新媒体、参与新媒体，把媒介素养教育融入校园生活中，使师生能够在各种媒介信息面前保持冷静，学会分辨良莠，防患于未然。在师生中培养相对稳定的舆论领袖，更好地开展宣传思想引领工作，营造正向良好舆论氛围，传递正能量。

（二）事中处置化解

1. 讲事实：以提供信息的方式压缩谣言空间

校方在面对突发舆情事件时，应主动设置议程，及时发声，快讲事实，慎讲原因。针对舆情事件做连续性报道，充实细节、滚动回应，后续举措有力并通报完整，向受众

逐步呈现事实真相。此外,调查过程中应提高新闻透明度,置于公众的参与监督之下,减少舆论猜忌,赢得公众信任。

2. 摆态度:做方向性意见观点的引领者

面对舆情事件,学校须端正态度,正视问题,表明决心,明确解决方案。同时,密切关注涉事者的情绪及态度,重视网络上的信息及社会反响,掌握公众诉求的矛盾点,一一给出具体回应,注意自我表达形式,以平等态度与受众沟通交流,做到有理、有据、有节,把握分寸,注重情感。针对受众的认知偏差,及时解读、加大宣传,削减舆情产生的负面影响。此外,校方应第一时间将真相告知受众,谨防谣言及匿名性信息对网络舆情的误导,避免采取删帖等应急措施,面对谣言可及时举报,阻止网络谣言的泛滥和炒作。

同时,需要重视人文关怀和回应“温度”。当事件出现人员伤亡时,从线上回应到线下处置都应坚持人文关怀原则,做好当事人或家属的安抚工作,避免当事人或家属的不满情绪扩大事件的负面影响。应理解、尊重当事人或家属的激烈情绪,积极善后。

3. 多手段:分工合作,协同处置

在处理舆情方面,一方面,学校可与地方政府、媒体单位、公安部门合作,加强信息沟通,对发布不实言论和散布谣言者依法处置;另一方面,学校各个部门之间应该互相协作,充分调动学工部、技术中心、教务处、保卫处、后勤服务中心尤其是二级学院等单位的积极性,完善责任落实制度,建立部门之间统筹联动、线上线下同频共振的有效机制,共享信息,若遇到负面及恶性言论,及时上报。

(三)事后修复警示

1. 积极善后,解决问题

当舆情事件的处理接近尾声时,应积极善后,重视直接利益相关者,坚持“以人为本”,修复受损形象,脱离负面影响,努力提升学校形象,借助网络舆情监控系统对舆情进行持续跟进,防止后续舆情产生。

2. 全面复盘,引以为鉴

负面舆情事件发生后,应建立舆情风险处理评估机制,完善标准化处理流程,复盘分析,针对漏洞和问题,及时总结经验教训,积极改正,查找短板,同时避免陷入“蜻蜓点水”式的总结误区,影响复盘成效。此外,通过对各高校近十年来的负面舆情事件进行分析，丰富高校舆情管理案例库，总结各高校常见舆情类别及态势，分析舆情处置过程中的不当之处，以此作为自己处理负面舆情事件的前车之鉴。针对各高校开设的网络与新媒体课程，高校舆情案例库还可以作为日常教学材料的课件之一，让学生对舆情事件有更深刻的体会和切实的感受，培养学生的应变能力。

（黄丽媛，清博智能研究院院长，武汉大学传播学博士；田琴，清博智能研究院主管）

# 实践教学

# 民办高校新闻传播类专业实习基地现状与建设对策①

## The Current Situation and Construction Countermeasures of Practice Base of Journalism and Communication Specialty in Private Colleges

◇ 周中斌
Zhou Zhongbin

**摘要:**现阶段,民办高校作为高校存在的一种形式,其主要价值在于支持地方经济和文化的发展,为地方发展提供应用型人才。在实践过程中我们发现,传统新闻传播类专业的实习基地存在着教学与实践脱离、学校与基地脱节、合作双方处于浅层次的无意识状态等问题。根据调查情况,本文提出了构建新型实习基地的设想,其主要特点可以概括为:一体两翼三支撑一固化,并从确定实习基地核心要素入手,从完善实践教学体系、重塑实践教育理念、政府政策支持等方面全方位提出了解决问题的对策。

**Abstract:** At the present stage, as a form of private colleges and universities, the main value of private colleges and universities lies in supporting the development of local economy and culture, and providing application-oriented talents for local development. In the process of practice, it is found that the problems exist in the practice base of traditional news and communication majors: the separation between teaching and practice, the disconnection between school and base, and the shallow unconscious state of cooperation. According to the investigation, the idea of building a new practice base is put forward, its main characteristics can be summarized as: one body, two wings, three support and one solidification, and from the core elements of the determination of the practice base, and reshape the educational concept to solve the problem.

**关键词:**民办高校;新闻传播类;实习基地;现状;对策

① 本文系校级教学改革研究项目"民办高校新闻传播类专业实习基地建设创新模式研究"(项目编号:XJ202113)的科研成果。

**Keywords:** Private colleges and universities, News communication, Practice base, Present situation, Countermeasure

建设创新型国家是我国在今后相当长一段时间的战略国策,民办高校在这个"创新"战略的背景之下,培养适应地方经济文化发展、与社会需求无缝对接的应用型人才,已成为当下高校人才培养的重要研究课题。2015 年 10 月 21 日,教育部、国家发展改革委和财政部三部委联合下发《关于引导地方普通本科高校向应用型转变的指导意见》,要求地方高校把办学思路转到"培养应用型技术技能型人才上来"。民办高校作为高校存在的一种形式,其主要价值在于支持地方经济和文化的发展,为地方发展提供应用型人才。但从目前来看,民办高校仍存在着办学历史短、教学经验欠缺、设备投资不足、评价标准多元化、管理体制和体系不健全等诸多问题,这些问题制约着民办高校为地方经济和文化发展提供应用型人才这一目标的实现。

培养为社会所接受和认可的应用型人才,不仅仅是要让学生有一定的理论基础作为专业支撑,更重要的是,他们要在实践教学中培养和锻炼自己的实践动手能力,具备与行业需求相匹配的工作能力。新闻传播类专业学生在应聘求职时,媒体单位也会优先考虑有工作经验者,以便能够迅速适应工作的需要。可见,传媒市场最需要懂理论、善实践的人才,而将理论知识和实践能力有效进行连接的实践教学就显得尤为重要。实习活动是整个实践教学中最重要的环节,是检验学校教学成效的手段之一。实习基地是整个实习活动的载体和依托,学生要在实习基地中完成实习活动,因此实习基地的建设就显得尤为重要。

## 一、民办高校新闻传播类专业设置现状

20 世纪 80 年代以来,我国新闻传播事业发展迅猛,与之相对应,我国高校新闻传播类专业也迅速升温,办学规模不断扩大。目前,新闻传播类学科下设 9 个专业,分别为:新闻学、广播电视学、广告学、传播学、网络与新媒体、编辑出版学、数字出版、时尚传播、国际新闻与传播。这 9 个专业在湖北省高校及民办高校中开设的规模如表 1 所示:

**表1　湖北省高校及民办高校开设新闻传播类专业情况①**

| 专业 | 湖北省高校 | 湖北省民办高校 | 占比(%) |
|---|---|---|---|
| 新闻学 | 18 | 8 | 44.4% |
| 广播电视学 | 23 | 8 | 34.8% |
| 广告学 | 27 | 12 | 44.4% |
| 传播学 | 5 | 2 | 40% |
| 编辑出版学 | 6 | 1 | 14.7% |
| 网络与新媒体 | 22 | 15 | 68.2% |
| 数字出版 | 0 | 0 | 0 |
| 时尚传播 | 0 | 0 | 0 |
| 国际新闻与传播 | 0 | 0 | 0 |
| 合计 | 101 | 46 | 45.5% |

由表1中数据可知,开设新闻传播类专业的数量,湖北省民办高校占湖北省高校总数的45.5%。其中,随着网络技术的发展和媒介形式的变化,网络与新媒体专业近几年异军突起,省内民办高校开设该专业数量占省内高校开设总数的68.2%。

## 二、民办高校新闻传播类专业实习基地存在的问题

### (一)教学与实践脱离

教学与实践脱离主要表现在“三个不对等”,即课程体系设计与行业技能要求不对等、学校实验设备与行业设备不对等、人才培养规格与行业要求不对等。

1.课程体系设计与行业技能要求不对等

媒体行业发展非常迅速,尤其是在“互联网+”的背景下,“网络+技术+设备”的运用,使媒体从载体到内容表现都发生了翻天覆地的变化。然而,人才培养方案中的课程体系设置,无法跟上行业发展的需求,导致学生学习的课程滞后于传媒行业发展。

2.学校实验设备与行业设备不对等

传媒行业内的企事业单位,尤其是头部机构,与时俱进,不仅引进了最新的设备配备给从业人员,也会投入资金开发新的程序系统,提高工作效率,占领市场先机,获得最大化利润。对于学校而言,供学生使用的实验设备是在某个时间段统一大批量购置

① 数据来源:教育部高校招生阳光工程指定平台。

的，更新换代不及时，学生到传媒机构实习或工作时，不能很快适应新设备，行业需要的是“来之能用”的人，就目前来看，学生要重新学，机构要进行培训，无疑增加了机构的用人成本。

3. 人才培养规格与行业要求不对等

调查发现，实习单位对民办高校学生在沟通、协作、业务方面均给出了比较好的评价，但在专业理论和人文素养方面，实习单位给出的评价多为“一般”。由此看来，民办高校学生在理论知识和文化素养方面还有待加强。

（二）学校与基地脱节

目前，新闻传播类专业学生的实习形式主要分为两类，一类是集中实习，另一类是分散实习。集中实习是由学校安排统一到签订的实习基地去实习；而由于传媒机构和工厂企业规模差别较大，无法接纳大批量的实习生，因此，新闻传播类专业学生大多以分散实习为主。因为学生实习的机构不同，实习的岗位不同，学校无法对实习内容和考核提出针对性的要求。大多数情况下，学生离开学校，进入机构实习后，碍于时间和地域，教师和学生就只能采用“云联系”的方式，即通过互联网学生实习平台对学生实习记录进行评价和判断。最后的实习评分也只是基于平台信息和实习报告，难以对整个实习过程进行实质性和全面性的考核评价。

（三）校企双方合作松散

目前，大多数的校企实习教学合作仍维持在较浅层次的无意识松散合作状态。校企双方既无主动双向合作要求，也无深度合作措施和长远规划。除了学生实习期间双方要进行必要的沟通和交往外，其他时间联系较少，更不用说有实质性的合作项目。校企之间也是靠双方负责人的人脉关系进行维持，一旦某一方负责人发生变化，这种合作就面临进行不下去的风险。

## 三、民办高校新闻传播类专业实习基地存在问题的原因

建构主义认为：“真正的理解只能由学习者自身基于自己的经验背景而建构起来，取决于特定情境下的学习活动过程。”就目前民办高校新闻传播类专业实习基地的表现情况看来，既无课程支撑，也无实习检查，校企双方也未有意识合作。出现这类现象要从两个方面找原因，一方面是民办高校自身的原因，另一方面是实习基地机构的原因。

### （一）民办高校自身的原因

民办高校人才培养方案的课程体系一般是以4年为一周期进行调整和修订，即便是为了响应传媒行业的变化，不断增加选修课，也无法打破原有的课程体系，进行大幅度的调整和更新。民办高校投资方受资金的限制，无法随时更新实验设备，保持与行业同步发展。为了压缩教学成本，学校设置专业过于集中，招生人数庞大，直接导致实习基地容纳量不够。近年来，民办高校为了达到本科教学评估要求的师生比数量，开始大规模地招聘教师，导致师资队伍缺乏积淀，大多数都是从学校到学校的青年教师，无行业从业经验，无法进行实习的有效指导。

### （二）实习基地机构的原因

缺乏有效管理是校外实习基地机构普遍存在的问题。校外实习基地对学生实践能力的培养是至关重要的，因此要达到教学目的要求，就必须充分发挥基地的实践教学作用。目前的状况是，学校对校外实习基地无权管理，这样就直接导致在实习中出现了各种问题，诸如学校无法要求企业完成规定的教学任务、企业方实习指导教师更换频繁、实习学生与实习企业在实习中沟通不畅等，这些问题的存在，势必会影响校外实习基地的教学质量，达不成学校在实习之初设立的实习目标；另一方面，媒体机构的产品生产具有一定的时效性，目前在校生的能力水平尚未达到行业标准，实习基地对实习学生会进行慎重的筛选，避免给机构造成不必要的损失，这直接导致学校选派的实习生不能完全被实习单位接纳。

## 四、民办高校新闻传播类专业实习基地建设对策

新闻传播类专业实习基地应让学生成为实践活动的主体，体现“以人为本”的教学理念。民办高校有自身独有的优势，其投资人大多有行业背景，他们与业界有着密不可分的联系，更有利于吸引媒体机构及相关企业与学校共建实习基地，共同提高应用型人才的培养质量，为当地经济和文化事业的发展服务。

### （一）确定实习基地的核心要素

新闻传播类专业实习基地的构建有三个核心要素：一是建立双方共同参与的领导核心，将课堂教学和实践紧密结合，形成系统的、开放型的实践教学体系；二是分三个层面开放课程体系，即针对新闻传播类专业课程实践性强的特点实现部分课程内容开

放、部分实用性强的课程整体开放、校内外教学场地对引进项目的开放,以“校内+校外”形式建设实习基地;三是确定三级合作模式,围绕教学、实践、项目研究,将实习基地打造成融教学、科研于一体的综合性基地。

(二)建立完善的实践教学体系

对于学校而言,实习作为教学内容的一个必不可缺的部分,必须从制定人才培养方案开始,人才培养方案必须包括系统的实习培养方案,统筹安排理论教学和技能培养。在新闻传播类专业制定人才培养方案时,应统筹考虑实验课程设置,建立以平台(基础实验课程平台、拓展实验课程平台和研究创新平台)为基础、以对应技能的课程群模块为单元的分层次实践教学体系,对新闻传播类专业实践教学系统中的各个子环节“进行优化配置,避免重复和脱节,使各个子系统相互依托、相互协调,形成一个有机的整体。加强相关新闻传播类专业之间的横向联系、相关课程之间的纵向联系,使实验内容相互联系、相互渗透,形成较完整的知识体系”①。

(三)树立全新的实践教学理念

从培养模式来说,学校应该逐步模糊传统的“课堂”和“实习基地”之间的界限。杜威认为:“教育能传递人类积累的经验,丰富人类经验的内容,增强经验指导生活和适应社会的能力,从而把社会生活维系起来和发展起来。”身为教育工作者,应当清醒地认识到“课堂”和“实习基地”这两者都是教学场地,其目的都是培养应用型人才,其本质都是教学中的环节。把“课堂”和“实习基地”两者有机结合起来,是实现教育发展的最有效的途径。

(四)加强与实习基地机构的实质性合作

学校与实习基地机构的合作,一方面,要通过签订协议,增强彼此之间的约束力。学校要安排专门人员与实习基地的主要工作人员保持稳定的联系,避免由于负责人变动,实习工作无法落实。另一方面,学校和实习机构可以分类开展合作。学校具有科研能力和专业理论教学能力,可以辅助传媒机构对员工进行专业理论素养方面的培训和教育,同时也可以面向基层开办相关技术技能的培训班,如融媒体新闻制作培训、短视频营销培训等;此外,学校还可以定期邀请媒体机构负责人来校与师生交流讲座,参与教师各类项目申报及学生论文指导工作。在此基础上,学校和媒体机构可就新闻媒

① 梁丽.构建分层次实验教学体系 培养创新型人才[J].实验室研究与探索,2014(1):217-220.

体产品生产和开发进行深入合作。

（五）政府的政策支持

政策支持是学校建立校外实习基地最强有力的保证。校外实习基地建设如果仅靠学校和企业的努力是不够的，国家相关部门应出台一些政策，以减免企业税收等方式，鼓励和支持企业与高校联合，促进双方的人才流动，为校外实习基地建设和管理营造有利的宏观环境。“教育主管部门要建立相应的法律法规，从制度上保证校外实习基地建设，并加大对高校校外实习基地的宏观指导，使高校校外实习基地建设与管理有序、健康、稳定发展。”①

## 结语

作为应用型学科，新闻传播类专业为地方媒体机构提供了应用型人才。实习基地的建设质量和使用程度，直接关系着学校应用型人才的培养和传媒机构人员的聘用。一方面，校企双方要从实质性项目合作出发，构建全面的、紧密的合作关系；另一方面，政府职能部门要适时出台支持政策，促进实习基地的建设。

### 参考文献

[1]郭守运，吴秋仪．媒介融合时代高校新闻实践教学基地建设探索[J]．兰州职业技术学院学报，2021，37(5)：87－89.

[2]贡巧丽．关于新闻专业学生媒体实习问题的若干思考[J]．新闻研究导刊，2020，11(13)：37－38.

[3]李玉迪．高校新闻传播学专业媒体实习的问题与对策[J]．传播与版权，2016(8)：150－152.

（周中斌，博士，武汉传媒学院新闻传播学院讲师）

① 蔡敬民，董强，余国江．高等院校校外实习基地建设新思考[J]．中国大学教学，2009(2)．

# 以服务社会为导向的地方高校新闻专业实践教学改革研究

# Research on Practice Teaching Reform of Journalism Specialty in Local Colleges and Universities Oriented by Serving the Society

◈ 杨慧霞

Yang Huixia

**摘要:**习近平总书记明确提出了高等教育“四个服务”的发展方向,同时,地方高校新闻专业实践也需要与服务地方相结合,改变传统模拟训练的弊端,形成专业人才培养的区域特色。在此背景之下,本文主要论述了新闻专业实践教学的现状与困境、地方高校新闻专业实践教学与服务社会结合的必要性以及武汉传媒学院新闻传播学院专业实践教学模式的改革。

**Abstract:** General Secretary Xi Jinping has clearly put forward the development direction of “four services” in higher education. At the same time, the practice of journalism specialty in local universities also needs to be combined with local service, changing the disadvantages of traditional simulation training and forming regional characteristics of professional talent training. Under this background, this paper mainly discusses the current situation and predicament of practical teaching of journalism specialty, the necessity of combining practical teaching of journalism specialty with serving society in local universities, and the reform of practical teaching mode of Journalism and Communication College of Wuhan University of Communication.

**关键词:**地方高校;新闻专业;服务社会;专业实践

**Keywords:** Local colleges and universities, Journalism, Serve the society, Professional practice

2016 年 12 月,习近平总书记在全国高校思想政治工作会议上发表了重要讲话,明确提出了高等教育"四个服务"的发展方向,即"为人民服务,为中国共产党治国理政服务,为巩固和发展中国特色社会主义制度服务,为改革开放和社会主义现代化建设服务"(以下简称"四个服务")①。"'四个服务'是新时期我国教育发展的指导方针,是高等教育的重大使命。这要求高校必须深刻认识服从和服务于党和国家大局全局是教育的重要使命,必须服从和服务于经济社会发展全局,服从和服务于一定历史时期党和国家的中心工作,为社会主义现代化建设提供强大人才和智力支撑。"②高校教育应该将人才培养与服务社会相结合,在课程内容设置上照应地方发展,特别是实践类课程,可以将一些地方发展具体项目纳入课程,通过不同的途径与形式,为地方的经济建设和精神文明建设作出贡献。

## 一、新闻专业实践教学的现状与困境

### (一)新闻专业实践教学不能与媒体实际需求精准有效对接

新闻专业实践教学多以模拟训练为主,例如,采写课程中的新闻写作实践,一般为教师提供写作素材,学生依据课程上学习到的新闻写作规范完成新闻稿件。这种模拟训练缺少真实媒体环境,学生的稿件纯属个人练习,也无法正式发表。有时,学生也会完成真实的采写任务,但选题范围多为校园新闻以及普通的社会新闻,选题面单一,与媒体真实的项目还有一定的差距。这种简单的模拟实践或选题面单一的训练,只能让学生习得最基本的新闻业务操作技巧,学生一旦进入真实媒体环境,需要重新适应和学习。

### (二)新闻专业实践教学和服务社会脱节

地方高校新闻专业人才培养方案大多照搬全国重点高校的培养目标和课程设置,违背了地方高校培养区域性人才的根本定位,也忽视了地方高校区位特征,导致地方高校新闻专业定位模糊,人才培养的区域特色不明显。地方高校新闻类人才培养特色不足,直接削弱了新闻类专业在区域的影响力。在缺乏区域性特征的人才培养方案之下,新闻专业实践教学忽视服务地方和区域的发展目标,不善于从地方的宣传和形象传播中寻找实践机会和项目,造成专业实践与服务社会脱节。

---

① 杨晓慧,张泽强."四个服务":高校思想政治工作新理念[J].中国青年社会哲学,2006(3):1.

② 曹宝武.扎根衡水 坚持"四个服务"办好应用技术大学[J].衡水学院学报,2021(1):2.

### (三)新闻专业教师缺乏媒体实践经验

新闻专业的一线教师大多从学校到学校,理论积累比较深厚,但专业媒体实践经验不足,即使有一部分教师曾从事媒体工作,但长时间不在媒体一线,也无法完全了解瞬息万变的媒体环境以及最新的媒体报道技巧。

## 二、地方高校新闻专业实践教学与服务社会结合的必要性

### (一)践行高等教育"四个服务"重要思想的需要

"四个服务"深度契合我国特有的历史发展、文化传统、制度类型、意识形态和现实国情,是办好中国特色社会主义大学必须遵循的基本原则,也是中国特色社会主义高等教育未来发展的正确方向。[①] 地方高校在新闻专业实践中引入服务地方宣传、传播地方文化的项目,正是践行了高等教育"四个服务"的重要思想。

### (二)有利于形成地方高校新闻专业人才培养的区域特色

地方高校新闻专业实践与服务社会结合,主动融入地方媒体创新发展,引导学生积极投入到地方媒体报道、地方政府宣传中,提高学生对于区域发展的认识,从而使其能更好地承担相关的报道工作。地方高校新闻专业坚持人才培养与服务地方有机结合,坚持人才培养的产出导向,有利于形成地方高校新闻专业人才培养的区域特色。

### (三)培养"双师型"教师的需求

将地方媒体或政府真实项目引入新闻专业实践,由校内老师和媒体专业人员共同指导完成作品的产出,专业教师与一线媒体"亲密接触",打破课程教学与媒体环境脱节的封闭办学模式,增加专业教师媒体实操的经验,反哺教学,形成良好循环,有助于"双师型"教师的培养。

### (四)助力地方文化和形象传播

20世纪初,美国威斯康星大学校长范・海斯将"社会服务"列为大学的一项重要职能,倡导"踩在牛粪上的教授才是最好的教授"。当前,社会服务通常与人才培养、

① 杨晓慧,张泽强."四个服务":高校思想政治工作新理念[J].中国青年社会哲学,2027(3):1.

科学研究、文化传承创新相关联并被列为现代大学的主要职能。“地方高校与地方经济产业、地方事业发展的结合,对于地区性的发展更具有重要的战略意义与现实需求。”①地方高校新闻专业实践与社会服务结合,承担地方媒体报道或者政府相关宣传的任务,将在一定程度上助力地方文化和形象传播,有助于增强地方发展的软实力。

## 三、武汉传媒学院新闻传播学院专业实践教学模式改革

2019 年,武汉传媒学院新闻传播学院在“四个服务”引领下,围绕主流价值观,立足服务地方发展、提升地方形象,进行专业实践教学改革探索,在教学方式上突破传统,大胆创新,展开精准实践。

### (一)专业实践与服务社会结合的具体实施

与地方媒体建立常态化合作,在专业实践中引入媒体真实项目和任务,形成校媒协同育人机制。武汉传媒学院先后与湖北电视台、武汉电视台、人民网(湖北频道)、长江网、腾讯大楚网、网易湖北、百度百家号等媒体建立了常态化合作关系。2020 年,武汉传媒学院与人民网(湖北频道)建立常态化合作,参与到平台的日常运营和报道中。从 2020 年 10 月至今,完成作品近 100 件。其中,学生团队制作的主题海报及视频被人民网(湖北频道)报送人民网并完整刊载;作品《看到武汉的跨年活动,国外网友羡了》,阅读量超过 10 万 +;2021 年,围绕建党百年,学生参与了人民网(湖北频道)《出发——荆楚大地上的红色记忆》《党旗飘扬在一线》《因为我是党员》《我与党的约定》《我为群众办实事》《让红色文物细细说》等融媒体系列报道。

专业实践与地方政府宣传报道对接,服务地方发展。武汉传媒学院与恩施宣恩县政府就文化推广、扶贫报道建立合作,制作了宣恩扶贫纪录片并在“学习强国”上刊登;与湖北宣恩开展非物质文化遗产合作,助力非遗保护,传承文化根脉;与麻城市扶贫办建立合作,拍摄麻城扶贫纪录片,撰写相关扶贫图文报道,在“学习强国”和湖北之声《告别贫困》专栏上刊发。

实行双导师制,由业界导师和专业教师共同指导学生完成课程项目、毕业创作、专业比赛等。其中,毕创作品《古老的“新生”》讲述了荆州在湖北省“壮腰”工程推动下的新发展;毕创作品《青云有信》反映了湖北扶贫工作取得的成果;专业课程实践作品《长江清道夫》《一座桥、三代人》不仅在相关比赛中获奖,其创作情况还被新

① 苏晓暹. 地方高校新闻学专业人才培养与服务社会结合的实践探索[J]. 采写编,2021(9):116.

华网等媒体报道。

组队参与媒体大型报道的实践模式，例如，湖北省两会报道团。2020 年湖北省两会期间，报道团围绕 52 名代表委员的参政建言，以代表委员为第一视角，制成图文、H5 和视频等不同样态的“电子日历”产品。产品推出后，获得湖北省政协多次点赞，在学习强国、长江云、微博、微信等全网传播，点击量突破 100 万 +。同年，还组织学生参与了第 14 届海峡两岸媒体荆楚行等的宣传报道。

此外，学院还设立了媒体实验室或工作坊，例如，百度百家号的“新媒体创享空间”实验室；设立媒体奖学金，例如，布鲁斯奖学金；承接媒体大型活动等。

围绕这些举措打磨课程，展开研究，学院逐步形成了以服务地方为导向的“精准实践”教学模式。在此基础上，学院成功申报 1 门省级一流课程、3 个省级项目，完成 1 本国家“十三五”规划教材、1 本有关电视前沿的译著，发表与“精准实践”教学模式有关的教改论文 6 篇。学院老师在省级授课比赛中获奖 2 项，学生在全国重量级专业赛事中获奖 6 项、省级专业比赛中获奖 100 多项。

### (二)专业实践与服务社会结合的具体方法

#### 1. 引入业界项目和资源，让专业实践与社会需求精准有效对接

校媒共同制定人才培养方案，设置课程体系。(1)学院派人到媒体进行人才需求调研，同时，邀请媒体专业人士参与人才培养方案及课程体系研讨会。(2)媒体项目植入课堂。将媒体相关任务以真实项目的形式植入课堂，任课老师带领学生完成项目，相关作品交由媒体评价或采用。利用企业和媒体平台，通过讲、练、批阅修改、反馈等方式，使学生获得良好的融媒体实践能力和专业能力。(3)校内设立媒体实验室。由学校出场地，媒体出资建设，设立媒体实验室。媒体实验室安排一名校内老师管理，媒体工作人员带领学生完成相关媒体任务。例如，百度百家号的“新媒体创享空间”实验室。(4)承接媒体大型活动。学院通过承接媒体大型活动，组织学生参与活动策划、执行、报道等等，为学生提供媒体锻炼机会。(5)组队参与媒体大型报道。学校通过选拔组成报道团队，参与到媒体报道中。例如，湖北省两会报道团队等。(6)组队参与媒体赛事。每年媒体都会举行各种新闻传播类赛事，学院积极组织学生参加。例如，“讲好中国故事”创意传播大赛、金犊奖等。(7)设立媒体奖学金。媒体通过在学校设立奖学金，奖励优秀学生，为优秀学生提供实习机会。例如，布鲁斯奖学金。

#### 2. 与地方媒体和政府建立常态化合作，服务地方发展

武汉传媒学院新闻传播学院一直积极寻求与地方媒体和政府合作，先后与人民网

(湖北频道)、长江网、腾讯大楚网、网易湖北等媒体建立常态化合作关系。合作内容包括承接媒体项目、讲座、设立奖学金、建立媒体实验室、聘请业界导师等。同时,学院还与恩施宣恩县政府就文化推广、扶贫报道建立合作,与麻城市扶贫办建立合作。地方政府有工作宣传和文化传播的需求,学院围绕这些需求形成具体的政府项目,植入专业实践,由专业老师带领学生完成相关作品,在社交媒体平台上刊播。这种合作让模拟实践具备了真实社会环境,服务了地方发展。

3. 在课程教学、毕业创作、专业赛事等方面实施双导师制

(1)实施双导师授课模式。一门课程由一位专业老师和一位业界导师共同完成。专业老师负责课程推进及相关理论的讲授,业界导师负责课程相关实践项目指导,同时要求专业老师全程参与业界导师的课程和实践。(2)毕业创作双导师制。学生的毕业创作由一名专业老师和一名业界导师共同指导完成,专业老师需要和业界导师一起探讨选题和作品制作。(3)BOSS 导师团队。聘请知名媒体制作人、总编辑等组成校外 BOSS 导师团,和校内导师团共同指导学生参与相关比赛、进行社会实践。

### (三)专业实践与服务社会结合的创新点

1. 践行"四个服务",立足高校服务地方,形成"以职业能力培养为导向,展开精准实践"的创新型全媒体区域人才培养特色

在专业实践中,搭建职业能力培养平台,促进学院与地方媒体和地方政府的合作,积极带领学生参与社会服务,形成人才培养的区域性特色。

2. 引入业界项目,对标岗位需求,切实落实应用型大学的教学理念

以融媒体岗位需求驱动专业教学改革,构建真实环境下的实践教学新模式,利用业界项目、平台重构校内专业教学。学院建立了"企业、媒体任务发布⇒学院牵头⇒系(教研室)推动⇒课程组监督⇒课程与工作室落实"的教研与产制流程,确保教学质量和生产能力双提升。这一改革措施在避免了专业教育闭门造车的同时,也坚持了教学规律,将学生视作完全的从业者。

3. 创建"双导师制""师生共育"的教师教学发展新体系,打造双师型实践教学团队

学院构建了校外导师和校内导师合作的双导师制,通过双导师授课、毕业创作双导师制、BOSS 导师团队等方式,让专业课老师与业界导师深度接触,迅速提升学生的专业实践能力。

学院将校外实践基地及横向项目作为师生共育平台,师生共同参与完成媒体策划和报道,形成教师与学生多元互动的实践教学氛围,满足一线教学改革创新的实际需求,改变传统高校教师“理论主义”的既有格局,让专业教师与一线媒体“亲密接触”,增强专业教师的实操能力。学院先后成立了媒体融合实验教学团队、数据新闻教学团队,让教师在教书育人的同时进行自我提升,激发教师的获得感、成就感,真正做到“教学相长”。

### (四)专业实践与服务社会结合取得的成效

#### 1. 专业实践教学改革效果显著,学生受益面广

武汉传媒学院新闻传播学院的三个专业实施专业实践教学改革三年来,学生的新闻传播实践和创新能力得到了显著提升,受益学生近千余人。学院共引进项目 6 项,实习基地年接收实习生约百人;每年有百余名学生依托项目参与专业实践活动。

#### 2. 显著提高了学生的新闻采写、视频制作等专业能力

近三年,实施改革的三个专业的学生在全国重量级专业比赛中获一等奖 2 项、二等奖 2 项、三等奖 2 项,在省级专业比赛中获奖 100 多项。学生们在省级媒体网站刊发采访视频 100 多分钟,人民网(湖北频道)新媒体作品点击量达 20 多万次,活动视频播放量达 2 万次,较好地传播了湖北形象。学生们的作品被人民网、新华网、网易等媒体转载报道,引起了较大的社会反响。

#### 3. 人才培养的成效明显,毕业生质量高

截至 2021 年,毕业生成功入职央视、百度、凤凰网、芒果娱乐、人民网等国内一流媒体或企业,部分学生已在相关企事业单位担任核心职位。近半数学生从事与专业相关的工作,所学专业知识和技能与实际工作契合度较高。近三年来,三个专业的毕业生就业率均在 96% 以上。

毕业生对学校教学的满意度达到了 98%,对教师教学的满意度评价高于 90%。专业核心课程培养的重视度及满足度较高,课程培养与实际需求较为匹配,专业核心课程对毕业生实际工作的支持力度较大。

#### 4. 相关改革经验在校外得到积极推广

在改革实施过程中,学院老师应邀参加中国新闻史学会 2021 学术年会,交流该成果经验。曾先后有两所院校派人来校学习交流实践教学经验。2019 年,新华网推出

报道《武汉多名大学生拍短片聚焦"长江三代守桥人"》,介绍了武汉传媒学院新闻传播学院专业实践课程取得的成果。

## 结语

以服务社会为导向的地方高校新闻专业实践改革,构筑了高校与地方媒体、政府的良好合作关系,一方面,变模拟实践为真实媒体环境的专业操作,提高了学生的新闻业务实操能力,让学生更了解和适应有关地方的报道,形成地方高校新闻专业人才培养的区域特色;另一方面,帮助地方政府开展新闻宣传,助力地方文化建设和形象传播,进而推动地方文化发展。

(杨慧霞,武汉传媒学院新闻传播学院副教授)

# 民办高校传媒类专业实践教学高质量建设研究

## ——以武汉传媒学院相关专业为例

# Research on High Quality Construction of Practice Teaching of Media Specialty in Private Colleges and Universities

## ——Take Wuhan University of Media as an Example

◈ 张程

Zhang Cheng

**摘要:**随着我国经济发展进入新常态、高等教育步入新阶段,民办高校已成为我国高等教育中的重要组成部分,应用型人才培养已然成为大部分民办高校的人才培养目标。实践教学作为应用型人才培养的重难点环节,更是民办高校教学工作的重中之重。本文针对民办高校实践教学的现状进行分析,以武汉传媒学院为例,结合工作实践,提出对策,总结相关方法,以期民办高校能够更好地结合自身特点,制定更加完善的实践教学方案,办出特色,走高质量发展之路。

**Abstract:** With China's economic development entering a new normal and higher education entering a new stage, Private colleges and universities have become an important part of China's higher education, especially in the cultivation of applied talents. Practical teaching, as a key and difficult link in the cultivation of applied talents, is the top priority of the teaching work of private colleges and universities. This paper analyzes the current situation of practical teaching in private colleges and universities, takes Wuhan University of Media as an example, combined with work practice, puts forward corresponding countermeasures and summarizes relevant methods, in order to better combine their own characteristics, formulate more perfect practical teaching plans, develop characteristics and take the road of high-quality development.

**关键词:** 民办高校;传媒类;实践教学

**Keywords:** Private higher learning institution, Media major, Practical teaching

近20年以来,民办高校发展迅速,成为中国高等教育的重要组成部分。据2021年度全国教育事业数据统计,民办高校的规模已超过全国高等教育的四分之一。① 武汉传媒学院是我国较早成立的一所民办院校,一直致力于高级应用型人才的培养,尤其在实践教学方面,不断深化改革,与时俱进,力争构建高质量的实践教学体系。

## 一、当前我国民办高校传媒类专业实践教学的现状分析

### (一)传统实践教学观念和模式尚未改变,实践教学体系不够完善

在日趋激烈的竞争环境中,越来越多的民办高校开始认识到实践教学的重要性,也明白了实践教学体系的建设有助于毕业生的就业转化,有利于自身更好地发展。但是,大部分民办高校的实践教学仍依照公办院校传统的实践教学模式和实践教学课程,并没有形成符合自身特色的实践教学体系,创新意识和创新力度不够。当前,民办高校绝大部分的实践教学都是独立开展的,虽然实践教学课程和实践教学学时的数量足够,但是专业与专业之间、课程与课程之间的壁垒并未打通,实践教学缺乏连续性和完整性,导致专业和课程的实践任务重复较多,学生的学习任务过重,形成了实践教学"量多"而"质薄"的现象,所以近些年很多民办高校的实践教学成果转化依旧不畅。

### (二)实践教学方法和内容未能与时俱进,与行业需求差距甚远

近些年,民办高校已然在实践教学方式和内容上不断进行改革和优化,也获得了一定的成效,但整体而言,民办高校实践教学无论是内容还是方式的创新力度依旧不够。尤其像传媒类这样的专业,技术的革新迅速地改变了行业需求和岗位需求,对人才的需求量不断增加的同时,对人才的要求也有所提高。如果还是沿用旧有的实践教学方法和内容,显然已无法满足现有的人才需求。

### (三)实践教学制度和评价考核机制不健全

目前,部分民办高校仍然沿用公办传统的教学制度和评价考核机制,缺乏专门的实践教学制度的设计和创新评价考核机制,导致实践教学具体实施过程不够规范,差异较大,实践教学成果的评价考核过于主观和随意。

---

① 初晋华,张霞,房洪杰,谢世强.民办高校实践教学体系的构建与实践[J].当代教育实践与教学研究,2020(10):151-152.

### (四)实践教学师资力量薄弱

我国民办高校的发展规模不断壮大,但是民办高校起步较晚,加之社会对民办高校认知有限,民办高校在引进教师人才方面面临重重困难,尤其对于一些具有丰富社会经验、实践能力强的专业教师,更是"一才难求",这就直接影响到民办高校实践教学推进的有效性和深入性,导致学生在实践教学训练中无法真正获得全面的、系统的实战经验。

### (五)实践教学成果平台建设的支撑不足

目前,民办高校已经逐渐开始重视实践教学成果的平台建设,并且初露成效,但是总体而言,尚不能形成体系。一方面,校内实践教学成果的平台较为分散,各专业和课程之间没有形成有机联动,品质优秀的实践教学成果没有得到充分展示;另一方面,由于缺乏成熟的、具有品牌效应的校内成果展示平台,实践教学成果难以稳定、高品质地持续输出。

同时,校外实践实习基地建设管理制度粗放,与学校专业特色贴合度较低,虽然实践实习基地的数量越来越多,但真正能够有效反哺实践教学、促进实践教学成果转化的基地少之又少。

## 二、武汉传媒学院传媒类专业实践教学高质量建设的主要路径

### (一)构建"模块化+跨专业融合"实践教学课程体系

#### 1. 模块化实践教学课程的建立

根据传媒类专业和产业的结构特点,系统整合课程内容,将课程按照不同类别划分为基本技能、专业技能、创新技能综合应用三大模块,科学安排实践教学的课时比例,不搞"平均化",在总的实践学时不变的情况下,缩减基本技能的实践学时,优化专业技能的实践学时,合理增加创新技能综合应用的实践学时,并且在每个学期末进行不同层次的综合应用实践训练。

以武汉传媒学院电影电视学院的影视摄影与制作专业为例,三大模块的实践教学课程如图 1 所示。

#### 2. 开设跨专业融合实践课程

根据戏剧影视学科和传媒类行业的特点,在创新综合实践中开设"跨专业联合创

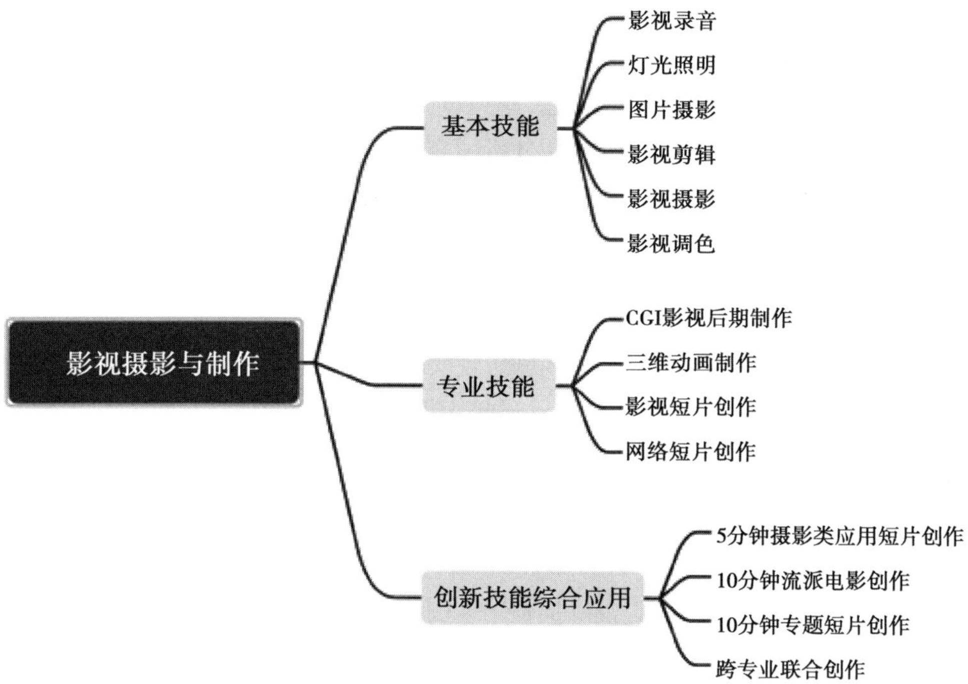


**图 1**

作"的集中实践课程,进一步探索多专业融合实践的实施途径,以传媒类专业的实践成果为导向,如文艺汇演、微电影创作、舞台剧等,将广播电视编导、影视摄影与制作、戏剧影视导演、表演、戏剧影视文学、舞台设计、舞蹈学等多个专业的教学融入其中,这样一方面可以充分验证前期各专业学生的基础实践能力,另一方面也为学生们提供了一个充分实践创新的平台,形成更为完整优质的实践教学成果。

（二）与时俱进、创新改革的教学模式

1. 项目植入教学

结合武汉传媒学院的教学特点,"将项目植入教学"是我们近年来实践教学改革的举措之一。结合学校相关课程,将校内外的各类项目植入其中,提高学生的实战能力。一是将校内项目植入课程,比如学校一年一度的"艺术节""表彰晚会""毕业展演展映"等大型活动项目,可以将其植入对应的如"大型活动编排与导播""影视剪辑""CGI 影视后期制作""舞蹈"等课程中,有效分解活动的具体任务,设定为相关课程的具体实践教学目标,经过合理科学的多方评价考核,选择其中优秀实践成果投放于活动之中;二是将校外横向项目植入课程,如把"乌镇戏剧节""武汉市形象宣传片拍摄""各类微电影赛事""企事业单位宣传"等植入"多幕剧排练""商业短片创作""影视广告设计”“纪录片创作”等课程中,根据项目的实施过程设置相应的问题或任务。将校内外的活动项目植入课堂教学,使学生能够完全融入特定的、真实的项目情境中去体验,教师作为组织者,充分引导学生完成项目的分解、实施、验收和总结等。这一过程不仅可以有效地培养学生发现问题、分析问题和解决问题的能力,而且对加强学生的沟通协调能力、团队协作意识、职业道德规范等也很有帮助。

2. 跨专业联合教学

跨专业联合教学一直是我们探索和研究的模式。比如广播电视编导、戏剧影视表演、戏剧影视导演、影视摄影与制作、戏剧影视文学这五类专业,可以根据课程需要,合理安排不同专业的教师展开联合教学。像导演专业的“舞台剧创作”可以与表演专业的表演课程打通授课。这样导演专业的学生在舞台剧创作中可以得到表演专业的支持,表演专业的学生也可以较为系统地学习到舞台剧创作的知识。编导专业的“影视导演基础”与影视制作专业的“剪辑艺术”进行跨专业联合教学,不仅可以提升导演专业学生的后期制作能力,同时也可以加强影视制作专业学生对导演课程的认识。这种跨专业联合教学模式,一方面有助于学生形成对自身专业的系统性认识,将资源配置更好地融入作品中,优化了实践成果;另一方面也加强了不同专业老师之间的协作,更好地完成了教学任务。

3. 校内外联动教学

传媒行业的融合发展带来了行业和岗位需求的变化。为了应对这一变化,武汉传媒学院对一部分课程进行了教学改革,采取校内校外、线上线下的联动教学模式,力求做到“两个结合”:一是引进名校优秀专家与本院青年教师组合授课;二是由校内优秀骨干教师与业界知名人士组合授课。比如“纪录片创作”课程,我们邀请到奥斯卡纪录片单元评委李博老师和我校优秀教师联合上课;“剧本创作”课程,我们邀请到著名编剧全勇先和我校青年教师联合上课,等等。这样不仅可以使学生获得最前沿的专业知识,而且也有助于我们的专业教师进一步了解行业动态,不断调整教学方案。

总之,在经历了“项目植入教学”“跨专业联合教学”“校内外联动教学”改革创新之后,围绕传媒类专业学生实践环节的全过程,实现了传统的学习实践活动与行业活动的结合,大学生在校学习的过程与传媒市场需求导向的实践过程的结合,以及模拟化的项目运作与传媒行业一线的经营管理的结合;深耕应用型传媒类专业领域,加强学生的业务能力,拓宽学生的视野,形成了与时俱进、创新改革的实践教学模式。

### (三)建立完善的实践教学管理制度,融合动态多维实践教学评价考核标准

一方面,积极开展调研,完善教学内容,建立多层次的实践教学管理制度,根据实

践教学的性质和软硬件规模分为课程基本实践教学、校内专业实践教学、校内外综合实践教学，形成更有针对性的实践教学保障体系；另一方面，针对不同层次的实践教学内容，在考核方式方法上进行创新，采取融合业界评价在内的开放互动式评价模式，以及运用新媒体手段（比如发布社交媒体）获得第三方评价的方式，形成全方位实践教学质量评价体系。

（四）积极引导和培养"双师型"教师

武汉传媒学院历来重视"双师型"师资队伍的建设，深入实施人才强院战略，遵循教学发展规律，不断优化教师队伍结构，通过"内培外引"，构建了一支年龄结构合理、人才来源多样、企校互通、专兼结合、技术技能转化应用能力强的高水平"双师型"教师队伍。一是组织开展教师教学竞赛活动，不断提高教师授课质量和教学管理水平，有效地推进教学规范管理工作，促进整体教学水平的提升；二是引进业界、学界知名专家和教师，组建专兼职结合的团队，举办专家讲座，提升教学层次。为了不断提高教学质量，学院建立了每学期举办 4—6 场专家讲座的长效机制，邀请业界知名专家定期开展讲座；利用电影点映活动，聘请业界名家传授创作经验，构建创作型动态师资队伍。每年完成电影点映不下 50 场，邀请名家超过 100 人。

（五）搭建实践成果平台，创建实践教学基地

武汉传媒学院在每年的"毕业季"期间都会开展大型的作品展映及颁奖典礼活动，并且已经形成了具有品牌效应的"又见放映"系列颁奖晚会。晚会邀请业内、学界的知名专家，他们与我校优秀教师共同组成评委会，从 200 件毕业生创作的作品中，挑选出近 20 部优秀作品，对获奖作品及相关的优秀创作者进行颁奖，给予扶持资助。一方面，这些获奖作品得到了转化，形成了一批优秀实践成果；另一方面也树立了良好的校风学风氛围。下一步我们将从校内走向校外，联合全国同类院校，为学生们搭建更广阔的实践成果展示平台。

## 三、民办高校实践教学建设的思考

第一，民办高校实践教学应当逐步建立完整健全的实践教学体系，以社会人才需求为导向，以应用型人才培养为核心，以学生的专业实践能力训练为抓手，建立双师型教师培养制度，实现实践教学目标、实践教学形式、实践教学管理的有机统一。

第二，对于民办高校而言，应加强自身与企业、自身与社会的联系，并以此为基础，

搭建民办高校开放性实践教学平台,促进实践教学成果转化。

第三,民办高校培养创新应用型人才的有力助推器就是建立产学研合作机制和搭建产学研合作平台,引进校外专家成立名师工作室,积极培养校内骨干教师,建设以产、学、研为主体的校外实践实训基地。围绕地方的传媒产业经济和产业结构特点,专门成立校企合作部门,针对不同企业的人才需求、岗位需求,不断调整人才输送战略。加强与基地的沟通,建立长效合作机制,创建一批校内产学研孵化工作室,最终形成一种校内校外互动的立体格局。

## 结语

20 世纪 80 年代,民办高等教育在我国恢复,经过近 40 年的发展,民办高校已经逐步成长为我国高等教育体系中的一支重要力量,同时承载着培养应用型人才、服务区域经济社会发展的使命。学生的实践能力是衡量应用型人才培养的重要标准之一,强化实践教学对应用型人才培养尤为重要。他山之石,可以攻玉。本文以武汉传媒学院为例,对其实践教学体系改革、创新人才培养模式进行了总结,希望能为其他民办高校的发展提供一定的借鉴。

## 参考文献

[1]王自寻. 民办本科高校实践教学质量提升路径研究[J]. 决策探索(中),2021(2):58 - 59.

[2] 王献合,刘绍丽,李敏. 新工科背景下民办本科高校实践教学改革途径探索[J]. 创新创业理论研究与实践,2019,2(4):20 - 22.

[3]初晋华,张霞,房洪杰,谢世强. 民办高校实践教学体系的构建与实践[J]. 当代教育实践与教学研究,2020(10):151 - 152.

[4]张波. 民办高校实践教学体系建设研究[J]. 湖北开放职业学院学报,2020,33(8):29 - 31.

[5]周晓清,李宏,叶安胜. 任务驱动式项目案例教学法在课程教学改革中的探索与实践[J]. 实验科学与技术. 2018(8).

(张程,武汉传媒学院电影与电视学院讲师)

# 教育管理

# 产教融合闭环式教学体系的构建及运行保障探究①

## ——以电影与电视类本科专业为例

# Research on Construction And Operation Guarantee of Closed-loop Teaching System Integrating Industry and Education

## ——Take the Undergraduate Major of Film and Television as an Example

◈ 姜虹

Jiang Hong

**摘要**:产教融合、校企合作是应用型本科高校发展的基本路径。围绕产业需求,强化实践教学是应用型本科高校深化产教融合的题中应有之义。笔者以电影与电视类专业为例,分析了此类专业在推动产教融合教学改革中存在的不足及面临的障碍,提出以社会需求为导向,加强实践教学与市场需求对接,从人才培养机制改革、"大平台+"搭建、人才引进机制创新和评价机制转变等方面,建构从理论到实践的闭环式教学体系,并保障产教融合顺利推进。

**Abstract:** The integration of industry and education and school-enterprise cooperation are the basic paths for the development of application-oriented universities. It is necessary for application-oriented universities to deepen the integration of industry and education by focusing on the needs of industry and strengthening practical teaching. Based on film and television to learn professional class, for example, this paper analyzes on the professional in promoting the production of the class teaching integration problems and the obstacles existing in the teaching reform, put forward to social demand as the guidance, strengthen the practice teaching and market demand docking, the mechanism of talent training, the "big platform +" building, talent introduction mechanism innovation and change of the

---

① 本文系湖北省高校省级教学研究项目:转型发展背景下民办本科高校实践教学质量保障体系研究(项目编号:2016469)。

evaluation mechanism, etc. Construct a closed-loop teaching system from theory to practice, and ensure the smooth progress of industry-education integration.

**关键词**:产教融合;闭环式教学;运行保障;电影与电视类专业

**Keywords:** The integration of production and education, Closed-loop teaching, Operation guarantee, Film and Television Major

随着中国教育改革方向的进一步明确,在全国一千多所普通本科高等院校中,有高达半数的本科院校正逐步向应用型大学转变。应用型本科教育要求教学紧密结合区域发展,注重对学生实践能力的培养,在教学体系中体现"应用"二字,其核心环节是实践教学。产教融合作为实践教学体系的重要模式,近几年来成为高等教育研究的重点。"产教融合、校企合作"是普通本科高校向应用型大学转变的基本路径,是打造高水平应用型大学的轴心和原点。在不断的探索与实践中,学者们基于"产教融合"模式实践教学,在新的高等教育形势下,对学科方向、专业结构、课程体系、教学内容、教学环节、教学方法和教学手段、师资队伍等进行了探讨。目前,关于产教融合的研究和实践都在进一步深化。

"产教融合是通过产业和教育深度融合,最大限度聚集社会资源,实现人才培养和经济发展双重目标,这一政策是对经济发展产业升级要求和创新发展诉求的积极回应。"①以本文所要探讨的电影与电视类本科专业为例,此类专业要持续推行产教融合教学改革,正是因应中国影视行业大繁荣大发展的需要。面对数字经济时代影视行业对人才需求的变化,学校应强化自身的特质和优势,进行差异化定位,减少同质化竞争,持续推动产教融合教学改革,最大限度地对产教融合教学进行闭环式管理,从而在补短板、强弱项中实现错位超越,厚植自身的优势。

## 一、电影与电视类本科专业生态环境分析

### (一)行业发展现状

"移动互联网的快速发展使得传统影视剧能够以直播或点播的形式到达各种新旧媒体的终端,从而最大限度地扩大了受众群,实现了传播效果的最优化。"②与此同

① 雷望红.组织协作视角下产教融合实践困境与破解之道[J].高等工程教育研究,2022(1):104-109.

② 孔令顺.电视剧跨屏传播的动力与策略解析[J].中国电视,2017(8):23-26.

时，影视创作的内容和形式也在不断发生变化，从电影、电视剧、电视节目，发展到网络大电影、网剧、网络综艺、微电影、短视频等。就广播电视来说，“2021 年上半年全国广播电视服务业总收入 4645.53 亿元，同比增长 22.31%；广播电视实际创收收入 3883.95亿元，同比增长 29.79%。其中：广告收入 1177.42 亿元，同比增长 47.89%；网络视听收入 1512.74 亿元，同比增长 37.78%；有线电视网络收入 332.71 亿元，同比增长 1.14%；广播电视节目销售收入 157.00 亿元，同比增长 12.87%”。① 在广播电视新技术的驱动下，我国广播电视事业蓬勃发展。

就电影来说，2021 年中国电影总票房达 473 亿元，其中，国产电影票房为 399 亿元，占总票房的 84.49%。全年新增银幕 6,667 块，银幕总数达到 82,248 块。随着互联网的不断迭代升级，我国电影从类型数量到播映平台、流程渠道，都较之以前有了不同程度的扩展。

现阶段来看，我国的广播电视覆盖地域、影视动漫产出数量均位于全球之首，与此同时，电影产业规模一跃升至世界第二。可见，我国已迈入了广播影视产业的大国之列。

### （二）高校人才培养情况

随着影视产业的高速发展，目前我国的高校影视教育已形成多层次、多形式、多学科门类的办学体系，其中，影视专业的人才需求比重逐步上升，但是，培养高质量的、具有实践动手能力的影视人才还需要进一步探索，任重道远。就现状来说，不少高校影视专业仍以教学为主，对于市场需求的洞悉和动态的把握不像企业那样敏锐。为了能够在第一时间获取影视产业的发展方向，缩短学生与市场的距离，搭建校内外实践平台，形成“产教融合”开放性教学十分必要。产教融合是培养实践能力的重要途径，“产业高速发展背后，‘人才荒’的困境凸显。培养实践能力较强的人才，以适应市场需求迫在眉睫”②。

目前，根据影视产业对人才的需求，不仅要培养符合时代精神的创意策划、科技支撑、管理营销方面的人才，还要对专业进行重新定位。就电影与电视类专业而言，要以影视节目、影视剧的前、中、后期制作为核心；就戏剧类专业而言，要以台前创编演出为纽带，与幕后的宣传发行等融会贯通，打造全产业链、全景式、大平台模拟再现及实践。只有这样，才能实现人才培养与社会需求无缝对接。因此，推动产

---

① 2021 年上半年广播电视服务业总收入 4645.53 亿元，同比增长 22.31%[J]. 广电时评，2021(16)：5.

② 陈星，张学敏. 依附中超越：应用型高校深化产教融合改革探索[J]. 清华大学教育研究，2017(1)：45－56.

教深度融合发展意义重大。

## 二、电影与电视类本科专业产教融合问题剖析

产教融合是应用型本科院校服务地方经济、实现自我发展的重要途径,应用型本科高校的科研水平、办学资源以及人力资源与企业活动的相互融合,从研发到共建,再到项目牵引、人才培养与交流等都十分重要。随着高校教改的进一步深化,各高校对于办学模式进行了多样化探索,产教融合在行业中已成为共识,在各高校教改中也已初显成效。高等教育发展与市场经济相互作用,高校培养人才的市场特殊性决定了其产教融合模式的多样性。

本文提出的产教融合闭环式教学,主要借鉴的是企业"闭环管理"中提出的"PDCA"循环概念,能够建立目标清晰明确、环环相扣的体系,能够促进任务达成并具有保障。围绕计划(Plan)、执行(Do)、检查(Check)、行动(Act)四个步骤形成的"闭环教学模式",要求在日常教学中能够有意识地、有目的地、综合性地思考教学目标、教学途径,进行教学检测,并根据反馈对教学中的不足作出补救,做到精细化管理,从而提高教学效果。

为了使研究更为深入,本文对湖北省设有电影与电视类专业的各应用型本科高校进行了随机抽样。调查发现,高校产教融合的探索和尝试仍存在许多问题,主要表现为:合作不稳定,校企之间不能建立长期稳定的合作关系;融合渠道不通畅,校企之间的合作模式单一,合作内容停留于表面;经费缺乏保障,专项资金支撑不足;师资队伍建设滞后,校企师资对等方式没有建构;质量监控评价体系有待完善,等等。可以看出,高校和企业虽然能够联合制定人才培养方案,但是在执行过程中,受限于高校传统的教学评价体系,不能按计划落实人才培养方案,缺乏系统保障。

2014 年 5 月国务院发布《关于加快发展现代职业教育的决定》,我国正式步入普通本科院校向应用型本科院校转型时期;2015 年教育部印发《关于引导部分地方普通本科高校向应用型转变的指导意见》,将产教融合作为学校和企业之间的突破口,逐步引导普通高校向应用型高校转型;2017 年 12 月国务院印发《国务院办公厅关于深化产教融合的若干意见》,其中明确提出,将产教融合实习(实训)条件、环境、平台和载体的建设纳入重点工作范畴,并向高水平应用型本科高校建设试点深水区迈进。

在政府的推动下,应用型高校产教融合进一步深化。但受制于多种因素,应用型高校尤其是民办应用型本科高校在产教融合工作开展方面仍然面临诸多困难,比如,学校自身定位不明确、经费投入不足,以及所面临的学科专业与"产教融合"的调整、

校企合作的开展以及双师双能型师资队伍的建设,等等。构建从理论到实践的闭环式教学体系,推动产教融合发展,笔者经过实际探索和研究,认为可以从人才培养机制、平台搭建、人才引进、评估体系等几个方面入手。

## 三、构建产教融合闭环式教学体系及运行保障机制

产教融合的核心是要将产教协作育人的理念渗透在以学生为中心和以产出为导向的人才培养全过程中,其中,设计与实施是关键。在设计中要以培养目标为导向,设计知识点、能力结构和课程体系;在实施中要以质量评估为基础进行教学、实验实训、实习就业创业。

### (一)构建合理的产教融合人才培养机制

2017 年 12 月 5 日,国务院发布的《关于深化产教融合的若干意见》(国发办〔2017〕95 号)中指出,“受体制机制等多种因素影响,人才培养供给侧和产业需求侧在结构、质量、水平上还不能完全适应,‘两张皮’问题仍然存在。”[①]2018 年,习近平总书记在全国教育大会上指出:“要推进产学研协同创新,积极投身实施创新驱动发展战略,着重培养创新型、复合型、应用型人才。”[②]

“当前本科高校人才培养机制已经明显不能适应人才培养模式改革的需要,必须进行创新,依靠机制解决高校人才培养中政府调控不力、整体设计不足和动力支撑不够等三个关键问题,让机制先行,服务模式改革,才能真正提高人才培养质量。”[③]产教融合涉及政府、院校、企业多方,从人才培养改革的整体性出发,设计从政府到学校、从校内到校外、从教师到学生的有机制度体系,形成完善、系统、配套的机制十分必要。

影视作品从策划制作到发行营销是一个复杂的过程。就电影与电视类专业来说,产教融合闭环式教学的实施也是一个复杂的体系,可以通过人才培养机制建设,发挥政府在人才培养中的调控作用。完善人才培养的整体设计,增强人才培养的动力,可以从学校、专业和教师三个方面入手:学校方面要积极推动政府进行宏观调控,通过政府牵线搭桥,协调院校影视专业和影视企业的合作模式;专业方面要依据影视行业需求进行顶层设计,深入改革人才培养方案,优化课程体系,采取多元化教学方法;教师

---

① 关于深化产教融合的若干意见[EB/OL].(2017-12-05)[2022-08-30].http://www.gov.cn/zhengce/content/2017-12/19/content_5248564.htm

② 转引自:袁自煌.抓住首要问题指明方向目标[J].中国高等教育,2018(18):13-14.

③ 郑文.从重模式到重机制——我国高校本科人才培养的新路径[J].高教探索,2018(7):5-9.

方面要建立稳定的激励约束机制,出台相关优惠政策,稳定自身的教师队伍,聘请行业内专家,组建双师型教师团队。政府宏观调控,校企合作联动,才能科学合理地完成产教融合闭环教学。

### (二)建设“大平台+”的产教融合生态系统

深化产教融合,平台是关键,高校产教融合平台建设随着教育生态环境的变化,正在不断升级。

“双导师制工作室”是一种形式。学校指派有责任心的、经验丰富的教师担任校内指导教师,并聘请专业水平过硬的、责任心强的业界专家担任校外指导教师。一方面,由实践能力较强的教师牵头,与校外公司积极进行项目对接,进行影视专业的产教融合实践;另一方面,鼓励校外公司在校内投资兴建项目研发工作室,并进行影视作品的创作,学校可以进一步与专业对口的影视单位建立稳定的校外实习实训基地。

当条件成熟后,学校可以与企业开展合作,设立影视作品创作项目基金,并对基金进行科学管理;吸纳民间资本投资建设文化创意产业园,利用数据技术构建互联网影视产业链,打通影视产业通道,为学生创新创业提供更大的发展平台和空间。

在向网络化、数字化、智能化转变的新时代背景下,校企双方共建创新开放的平台化生态系统,是高校产教融合发展的新动向。产教融合应当充分发挥人工智能、大数据、区块链、互联网等新技术的作用,真正实现从单向到闭环,培养能够满足中国经济发展、产业发展需求的影视人才。

### (三)研究创新人才引进培养机制

目前,民办高校师资力量薄弱,教师队伍不稳定。影视产业的发展对人才的素质提出了更高的要求,高校影视专业教学也应该做出相应的转型和改变。影视作品从策划制作到发行营销是一个复杂的过程,需要有适应新时代需求的创新型人才。如何建立长期的人才激励约束机制?如何稳定民办高校教师队伍?如何培养创新型人才?这些都需要各民办高校深入研究探索。

### (四)健全校企融合评估评价机制

传统教学评价方式单一,仍以学校、教师、学生三方构成的自我评价为主,以市场为导向的业界评价体系并未真正地建立起来。基于现有的教学评价体系和校企融合目标,高校应当尝试将业界评价引进到学校的考试考核评分机制中,并在考试考核方式方法上进行创新,建立健全包含业界评价在内的校企融合评估评价机制。师生参与创作的影视作品，可以按照作品质量的高低，与学时和学分挂钩。校内教学评价和校外市场评价相辅相成，实现影视教学和影视创作的无缝对接，将教学和实践连接起来。

一言以蔽之，为了实现现代高校治理结构的合理化、管理能力的现代化、校企合作的长效化，学校需要跟上时代发展的步伐，健全内部管理体系。用建章立制的内部管理工作，将通过产教融合和校企合作所形成的人才培养模式和成果进行固化。在改革创新工作的推动下，明确产业链的发展方向，了解行业发展需求，以此完善人才培养方案，设置专业课程体系，统筹教学运营经费，只有这样才能保障学校和企业之间已经形成的生态机制能够正常运行，最终完成产教融合闭环式教学任务。

（姜虹，武汉传媒学院教务处处长）

# 应用型本科项目制教学模式的探索与实践

——以“大众传播学概论”课程为例

# Exploration and Practice of Applied Undergraduate Project-based Teaching Mode

——Taking the Course Introduction to Mass Communication as an Example

杨开源

Yang Kaiyuan

**摘要:**针对“大众传播学概论”课程在教学中存在的各种问题,通过项目制教学模式,利用游戏教学法、学习小组、学习档案和MOOC建设等方法,提升课堂教学的效率,使课程贴近学生,提高学生学习的积极性,学生也可以利用大众传播学理论进行实际的问题分析。

**Abstract:** In view of the various problems existing in the teaching of “Introduction to Mass Communication”, through the project-based teaching mode, using game teaching method, study group, study file and MOOC construction and other methods to improve the efficiency of classroom teaching and make the course close to students, to improve students' learning efficiency, so that students can use the theory of mass communication to analyze practical problems.

**关键词:**传播学;项目制教学;教学效果

**Keywords:** Communication, Project based teaching, The teaching effect

## 一、“大众传播学概论”课程改革的背景与意义

2018年《教育部关于加快建设高水平本科教育全面提高人才培养能力的意见》(教高〔2018〕2号)中指出“要推动课堂教学革命。以学生发展为中心,通过教学改革促进学习革命”,“因地制宜选择课堂教学方式方法,科学设计课程考核内容和方式,

不断提高课堂教学质量。积极引导学生自我管理、主动学习,激发求知欲望,提高学习效率,提升自主学习能力。"①

传播学发源于欧美,主要讲授传播学研究的理论和成果,学科渊源非常复杂。目前,"大众传播学概论"课程教学主要存在的问题有:教学形式单一、理论与实践脱节、学生实践能力较差。在一个学期32学时至多48学时的教学时间内,学生要识记和区分各种不同的概念和模式,难度比较大。依托于现在较为单一的教学手法,学生理解和掌握这些教学内容困难重重,很容易造成课堂气氛沉闷和学生主体地位的缺失,学生觉得课程枯燥无趣,严重影响教学效果。当前各高校所采用的教材,大多是西方20世纪早期和中后期传播学的研究成果,虽然当时这些研究成果很经典,很有意义,但是很多当代新媒体传播和媒体融合过程中出现的传播新现象、新方法和新技巧等学生感兴趣的内容,却在教材和课堂教学中很少被提及甚至完全没有涉及。② 但在本科教学中,为了保证授课质量,任课教师往往会更侧重于理论教学,这就造成了学生理论和实践相脱节的现象。针对以上这些情况,任课教师需要不断改进教学方法,提升学生的学习积极性,加大课程实践,让学生能够做到学以致用。

## 二、项目制教学的主要手段

项目制教学是根据不同的教学目标,对教学课程任务进行细分,以提升学生的课堂参与度,从而让学生可以更好地融入课堂,并不断地发现自身的学习问题,改进自己的学习方法。项目制教学不仅仅是对教学方法的改革,更是从教学内容、教学方法到教学环境三方面立体式的设计,从游戏到分组学习,将现有的教学模式进行改变,翻转课堂,让每个学生都有课堂参与感,切实提升学生的学习效率。

将项目制教学应用于"大众传播学概论"课堂中,主要涉及游戏教学法、设置学生学习档案、组建学习小组等。

游戏教学法指的是将学习内容和课程小游戏相结合,让学生通过自身参与,感受教学内容。游戏教学法可以让学生更加了解教学目标,提升学生的课堂参与感。

设置学生学习档案主要是指从第一节课开始,让学生对自己的学习态度和学习预期进行判断和评价,让学生积极面对课程学习中可能遇到的困难,并通过组建学习小组,帮助学生尽快适应课前的预习和课后的复习。组建学习小组可以促进学生的课后

---

① 教育部. 教育部关于加快建设高水平本科教育全面提高人才培养能力的意见[EB/OL]. (2018-10-08) [2022-05-25]. http://www.moe.gov.cn/srcsite/A08/s7056/201810/t20181017_351887.html.

② 李微. 新媒体时代《传播学概论》课程教学改革探讨[J]. 今传媒,2017(6):149-150.

讨论,同学之间相互借鉴,共同进步。

整个项目最重要的部分是如何让学生通过课程的学习,掌握学习方法,形成良好的学习习惯。学生不仅要掌握课程内容,更要提升自主学习能力。一些学生往往过度依赖于课堂学习,课外延伸不够,导致理论知识掌握不牢,实践能力较弱,这也是项目制教学需要重点关注的部分。

## 三、项目制教学的研究方法

### (一)文献分析法

文献分析法指通过对收集到的某方面的文献资料进行研究,以探明研究对象的性质和状况,并从中引出自己观点的分析方法。[①] 本文通过对“大众传播学概论”课程教材的研究以及对相关教改论文的分析,针对课程目前面临的教学困境,提出了一些教学创新方法。

### (二)问卷调查法

问卷调查法是调查研究中采用最频繁的一种基本方法,它是研究者用统一严格设计的问卷,通过书面语言与被调查者进行交流,来搜集研究对象关于教育问题或教育现象的信息和资料的方法。[②] 教学效果的最终对象是学生,所以在整个教学改革过程中,教师需要在改革的前期、中期、后期进行三次问卷调查,以问卷调查的形式,了解学生课程改革的适应情况和存在的问题。

### (三)深度访谈

深度访谈是专业访谈人员和被调查者之间进行时间较长的(通常是30分钟到1小时),针对某一论题一对一方式的谈话。用以采集被调查者对某事物的看法,或做出某项决定的原因等。[③] 笔者对武汉传媒学院新闻传播学院的相关领导进行了访谈,了解了学校定位和专业人才培养定位等情况,同时采访了武汉大学新闻传播学院的相关授课老师,就“大众传播学概论”的教学方法和老师们在课堂教学中遇到的困难展开了讨论。

---

① 参见百度百科:https://baike. baidu. com/item/% E6% 96% 87% E7% 8C% AE% E5% 88% 86% E6% 9E% 90% E6% B3% 95/2667081.

② 参见百度文库:https://wenku. baidu. com/view/721a31a2ef3a87c24028915f804d2b160b4e866e. html.

③ 参见百度百科:https://baike. baidu. com/item/% E6% B7% B1% E5% BA% A6% E8% AE% BF% E8% B0% 88/6523327? fr = aladdin.

## 四、项目制教学的实践情况

武汉大学新闻与传播学院的传播学课程被细化为两门课“传播学基础”和“传播研究方法”，在上、下两个学期分开讲授。两门课程的难度均高于武汉传媒学院开设的“大众传播学概论”。武汉大学新闻与传播学院的授课老师表示，将这门课分成两个学期开设考虑的是学生的接受能力。“传播学基础”教授基础理论，“传播研究方法”教授研究方法；上学期的课程更偏重于理论，下学期的课程更偏重于实践。这种衔接式的课程会降低课程的难度，减轻学生的学习压力。武汉大学新闻与传播学院的“传播研究方法”主要教授各种量化实践方法，它可以让学生在实践中掌握量化分析能力。在武汉传媒学院2021届的网络与新媒体专业中，也采用了这种进阶式课程设置，但武汉传媒学院的“传播研究方法”更偏重于实际运用，注重实操性。不过在本篇论文中，仍然重点介绍的是“大众传播学概论”的课程改革方法。

### （一）游戏教学法

“大众传播学概论”虽然涉及的理论较多，但是其中的大部分理论都源自生活，所以想要让学生短时间内掌握这些理论，可以适当地引入一些小游戏。

游戏教学法，顾名思义，就是以游戏的形式教学，使学生在轻松的氛围中，在欢快的活动中，甚至在激烈的竞争中，不知不觉地学到教材上的内容或者学到必须掌握的课外知识的教学方法，简单地说，游戏教学法就是将“游戏”与“教学”两者巧妙地结合在一起，从而引起学生学习兴趣的教学方法。[①] 在游戏教学法中，教学始终是最终目的，游戏只是辅助工具，授课老师在设计游戏的时候，一定要和教学目标相符合。由于课程时间短暂，过于繁复的游戏不适合引入课堂，所以授课老师需要将游戏设计得短小、精悍，同时又要注意可操作性。设计的游戏要能让全体学生都参与其中，或是部分同学参与、部分同学可以观赏，而不要形成一部分学生在做游戏，另一部分学生无所事事的局面。游戏教学法在使用过程中需要注意本末倒置问题，不能让学生在课程结束后，只记得游戏而忘记教学内容，所以在游戏结束后，教师需要及时总结游戏，将游戏的结果和传播学理论进行有机的结合。

### （二）学习档案和学习小组建设

建立学习档案和组建学习小组的本质目的都是为了让学生在课堂上有更高的参

---

① 参见百度文库：https://wenku.baidu.com/view/bc10654c5bfafab069dc5022aaea998fcc224061.html.

与度,这种参与度不仅仅来源于老师的课堂组织,更需要借助于学生自己的内驱力。不同于游戏教学法主要是从课堂教学环节出发,强调老师对课堂的组织能力,建立学习档案和组建学习小组是为了衔接学生的课前预习和课后复习。学生不仅需要在课堂上认真听老师讲解,更需要课后去延展学习。学习小组的建立摒弃了以往自由分组的方法,而是结合学生在学习档案中的自评,将学习兴趣度、学习目标各不相同的学生组织在一起,帮助学习积极性不高的学生参与讨论,提升学生的学习效率。建立学习档案可以让学生时刻关注自己的学习动态,不断总结自己的学习收获。学习小组对学习动力不足的学生会有一个促进作用。学习小组的人数以6—8人为宜,人数过少缺少学习氛围,人数过多则容易让学习小组的讨论流于形式。

(三)MOOC 建设

MOOC 平台建设,需要授课教师精心设计课程内容,充分调动学生的学习兴趣。笔者本次针对“大众传播学概论”的 MOOC 建设平台为超星的学习通。笔者将 MOOC 视频发布到网上,学生提前选择自主观看。课堂上,授课教师先请学生简述在视频学习中遇到的困难,然后结合学生提出的问题调整授课重点,对于学生感到困惑的地方进行重点讲解。课程结束后,学生可以再次回到 MOOC 平台,查阅课程的补充资料,并完成检测题目,以检验自己的学习效果。

## 五、项目制教学的困难

“大众传播学概论”的课程内容比较庞杂,对于授课教师的专业水平要求较高。整个项目制教学涵盖课程的前期开发、中期教学和后期反馈,环环相扣。教师需要和学生之间形成良性互动,这对学生和教师都提出了比较高的要求。

同时,如何收集学生的课堂反馈也是一个难题,授课教师需要有独立的问卷调查小组,在整个授课期间,进行3次问卷发放,以及时了解学生的学习状态和学习效率。

### 参考文献

[1]吴惠娟. 融媒体时代下《大众传播学》课程教学初探[J]. 电视指南,2017(9):191-192.

[2]陈琳. 体验式教学对大学生创新能力培养的实践研究——以安徽新华学院大众传播学课程为例[J]. 赤峰学院报(自然科学),2017,33(5).

(杨开源,武汉传媒学院新闻传播学院副教授)

# 短视频行业需求驱动下的“微专业”培养模式探索

## Exploration on the Training Mode of “Micro-specialty” Driven by the Demand of Short Video Industry

汪尧景

Wang Yaojing

**摘要:**短视频行业是当下影视传媒行业未来发展的重要方向之一。如何培养应用型的短视频行业人才,成为高校亟须解决的问题。而把握短视频行业的基本特征将更有利于高校探索与之匹配的人才培养模式。本文基于短视频行业的发展态势,主要从校企互动、专业设置微型化和专业课程细分化、培养模式持续化、人培方案模块化、多校联动常态化这五个方面论述了影视传媒“微专业”培养模式的具体实施。

**Abstract:** Short video industry is one of the important directions for the future development of film and television media industry. How to cultivate applied talents in short video industry has become an urgent problem to be solved in colleges and universities. Grasping the basic characteristics of the short video industry will be more conducive to colleges and universities to explore the matching talent training mode. Based on the development trend of short-term frequency industry, this paper mainly discusses the specific implementation of the training mode of “micro specialty” in film and television media from five aspects: school-enterprise interaction, miniaturization of professional settings and fine differentiation of professional courses, continuous training mode, modular training scheme and normalization of multi-school linkage.

**关键词:**短视频行业;微专业;培养模式;校企互动;高校联动

**Keywords:** Short video industry, Micro specialty, Training mode, School enterprise interaction, University linkage

## 一、现行影视传媒专业人才培养模式与短视频行业人才需求的“错位”

2016 年以来,国内外短视频行业进入高速发展期,行业的快速发展对短视频从业者的专业素养要求越来越高,职业技能也更加细分化。由于高校人才培养的滞后性,高校现行的影视传媒专业无法及时根据行业需求调整人才培养方向。广播电视编导、戏剧影视文学等影视传媒大类专业的毕业生,在以互联网运营、创意为导向的短视频行业中屡屡碰壁。行业需求与人才培养模式之间的错位,一方面体现在高校培养的影视传媒专业人才在短视频行业内因能力不足而发展受限,另一方面则表现为短视频企业面临专业人才储备不足的困境。因此,建立有效的、有针对性的、面向短视频行业的人才培养模式,成为高校影视传媒专业转型的一个重大议题。

经走访调研发现,现阶段的高校影视传媒专业培养模式仍以史论课、技能课和实践课为主,专业课程较为基础,不够深入,考核模式单一,缺少专业方向上的细分。从课程设置上来看,涵盖策划、拍摄、后期等方面,看似丰富,但以短视频行业的角度来看,这些课程并不能完全匹配岗位对于人才的需求。部分高校也有针对性地设置了部分选修课,但是单门选修课受限于课时,无法形成专业体系,这种以单门选修课作为短视频专业教育的方式依然难以满足行业对人才的深度需求。比如短视频编导,需要同时具备运营、策划和编导的能力;短视频摄影师,往往需要兼顾后期剪辑的工作;而短视频后期,则更多地需要理解短视频的节奏与视听特点;最为稀缺的是短视频运营,类似于互联网行业中的产品经理角色,不仅需要了解短视频的热点、运营的方式,还需要指导内容团队进行生产。因此,短视频行业的应用型人才培养需要更多地以行业需求为导向,以行业需求驱动高校影视传媒专业变革,培养既懂行业运作规则又能完成内容生产的复合型、多元化人才是目前高校影视传媒专业改革的方向之一。

## 二、短视频行业需求驱动下的“微专业”培养模式探索

高校想要打破现行影视传媒专业与短视频行业之间的专业壁垒,介于单门专业选修课和专业体系之间的“微专业”培养模式将成为高校的最有效的武器。所谓“微专业”培养模式,是指在原本专业基础上额外加设 5 – 10 门微型核心课程①,修业期限一学年。“微专业”是以就业为导向的、专门定制的职业体系化培养方案,它避开了传统

---

① 钟潇. 基于微专业建设的应用型院校新文科人才培养模式研究[J]. 湖北开放职业学院学报,2021(23):61 – 63.

大学所擅长的理论教学，转而注重实践能力，试图让每位学习者的学习能力就等于就业能力①。对于高校来说，这种培养模式在开课方式和课程内容上都更灵活；对于学生来说，能根据自己的兴趣或就业方向进一步强化专业知识与专业技能，在学校就能学到行业实践经验；对于短视频企业来说，能解决人才与需求不匹配的困境。

在实际工作中，这种短视频行业需求驱动下的“微专业”培养模式可以从以下五个方面进行探索：

### （一）校企互动，行业接轨

要培养出与时俱进的短视频行业应用型人才，首先要第一时间掌握行业动态，明确短视频行业不断迭代升级的需求，并设置具有前瞻性的、动态变化的相应人才培养目标。从 2016 年至今，短视频行业的发展经历了几个阶段：从搞笑的休闲娱乐版块，到各行各业的垂直细分领域；从粗制滥造、偷工减料，到画面精美、制作精良；从以头部网红为主的内容生产模式，到高度依赖算法优化的专业运营团队生产模式。可以说，短视频行业无时无刻不在变革，而紧跟这种变革趋势甚至领先短视频行业的变革，对于高校的教育设计来说具有非常重要的意义。因此，校企互动，是短视频“微专业”培养模式探索中不可缺少的核心环节之一。其具体举措有：1. 行业需求主导下的联合课程设计。以短视频行业真实的、动态的人才需求为培养目标，进行顶层课程体系设计。2. 行业导师参与下的课程内容研发。积极邀请短视频行业导师分享前沿制作经验，与高校专业教师一起完成课程内容研发，基础课程由专业教师完成授课，实践课程由短视频行业导师完成授课。3. 积极推进课程数据管理系统建设，将课程目标分解，运用短视频平台和工具，完成课程数据管理。4. 更直接的考核方式。传统的课程考核方式更注重学生的学习过程，而难以获得行业对学生的专业能力反馈。以“影视剪辑”为例，该课程的考核方式为考勤、平时作业、期末作品。实际上，这种考核方式更多兼顾的是合理以及公平，而不是直观的专业能力评价。学生学完该课程没有办法第一时间接受来自行业的反馈，多数学生对自己的剪辑能力认知不全面，甚至有学生在毕业后接触项目时不知道该如何下手。而在“微专业”培养模式下的课程考核则恰好相反。比如学生在抖音或者剪映平台上作品的数据反馈，是更加真实、更加公平、更加有效的，学生收获的数据反馈来自完全不受其他规则干扰的通用平台，而且这种数据比照的范围可以大到全国甚至全世界，因此这种数据反馈比传统考核方式中的分数更有价值，能真正打破行业与教育之间的信息不对称。5. 搭建校企实训平台。积极建设短视

① 高青霞. 在线微专业的人才培养模式探究[D]. 南京：南京大学，2016.

频实训平台,不仅能让学生接触短视频行业的内容生产方式,更能打通学生的实习就业通道。

## (二)专业设置微型化,专业课程细分化

从专业设置角度来看,国内并没有专门为短视频行业开设的对口专业,但是从人才需求的角度可以提取专业人才的核心能力要素,从而进行专业人才画像:以戏剧影视学为专业基础,熟练掌握影视制作环节的基本技能,有良好的审美能力、互联网大数据分析整合能力以及短视频运营与内容创作能力。不难发现,短视频行业需要的复合型应用人才,要求学生除了具备基本的策划、拍摄、剪辑技能外,还需要继续完成短视频微专业的延伸课程。微专业的课程量与课时数不像传统专业那么庞大,更能突出"微"的属性,在当今的高等教育体系下,更容易完成这种微专业的建设。

从专业课程角度来看,覆盖一学年的 5 - 10 门微型课程足以满足短视频人才培养的需求。具体开设课程可以分为四类:1. 短视频通识类课程,如"竖屏美学概论""短视频视听语言基础";2. 短视频制作类课程,如"短视频剪辑基础与技巧";3. 短视频类型片课程,如"微短剧创作""旅拍短视频创作""才艺秀短视频创作""微纪录片创作""泛知识类短视频创作""喜剧类短视频创作";4. 短视频创意与运营类课程,如"短视频创意策划""短视频发布与运营"等。以上四类课程可以根据各高校实际情况进行调整,采用"2 + 1 + N"的形式开设,如两门"短视频创意策划"与"短视频发布与运营"作为专业核心课程,一门"短视频剪辑基础与技巧"作为专业技能课程,剩下的"N"可以从短视频通识课和短视频类型片课程中组合。

## (三)培养模式持续化

一种好的培养模式不仅能有效地达成人才培养的目标,还应该是可持续发展的、有内在自我更新能力的。所谓培养模式持续化应具备以下四个特征:1. 教学资源最大化利用。建设一个新的人才培养模式需要高校在师资、实验室建设、专业建设、课程建设等多个方面投入①,如何保证这种投入与人才培养的规模是互相匹配的,这一点非常重要。尤其是当高校建设一个试点的微专业时,启动教学经费捉襟见肘。因此,在师资上可以采用"1 + X + Y"的配置方式:"1"指负责微专业教改的核心教师,采用专任教师承办制,除了日常授课外还直接对教学效果负责;"X"指校内其他专业可以兼任课程的教师,充分利用校内已有的师资;"Y"指无法在校内匹配教师的课程需要聘

① 胡清华,王国兰,王鑫. 校企深度融合的人工智能复合型人才培养探索[J]. 中国大学教学, 2022(3):9.

用行业导师,行业导师的加入能最大限度地保证微专业培养模式的有效性。利用现有专业教师和业界导师结合的方式,简化教学团队的同时还可以提高教学效率。另一方面,高校可以与短视频行业联合建设线上课程资源库,丰富相关教学资源。2. 建立快速反馈—响应机制。微专业培养模式最大的特点是小规模、易调整。传统的本科专业人才培养方案至少四年甚至六年才能调整一次,这种调整的周期无法及时捕捉行业的变化;而微专业的快速反馈—响应机制可以做到第一时间捕捉行业的迭代。微专业的培养周期是一学年,便于高校及时调整培养方向与教学内容,灵活的授课方式和考核体系也能保证行业的迭代能迅速地融入教学内容中。3. 广泛的适用性。微专业的培养模式不应该只针对单个学科、单个学校,应该广泛试点,积极推动高校之间的跨区域合作,依托已有重点专业,打造微专业学科群,不断降低边际成本。4. 精准控制微专业教学规模。微专业不仅体现在课程体系的微型化,也体现在教学规模的微型化。由于其试点特征明显,不能轻易在现行影视传媒专业中扩大推广,而是应该以实验教学改革的体系与现行影视传媒专业并行。其规模应该精准控制,比如一个年级一个试点班,班级成员从全校影视传媒专业中筛选,所有课程考核通过的学生发放结业证书。通过小规模的教学快速积累微专业办学经验。以上四个方面的探索能帮助高校在微专业办学的过程中找到可持续发展的方向。

(四)人培方案模块化

麻雀虽小,五脏俱全。微专业虽然不像传统专业一样具有完整的人培方案和课程大纲,但与时俱进、紧跟行业发展步伐的人培规划仍然必不可少。微专业的人培建设不仅应该具备微型化的特征,还应该具备全面化、外延化的特征;不仅应该聚焦行业领域内的变化,还应该关注行业领域外和交叉学科的发展;不仅应该借鉴行业已经发生的变革,还应该大胆预测行业的下一个风口。因此,微专业的人培方案的建设应该走在教育和行业的前面,不能仅满足教学的需求,还需要尽可能多地开发课程模块,以适应更多的专业。比如影视专业的学生,微专业课程搭配运营与创意模块;戏文专业的学生,微专业课程搭配微视频制作模块。微专业的课程应与学生的第一专业相互补充,相互促进。模块化的人培方案设计能扩充微专业适用的学科群,从影视专业到新闻专业,再到管理专业、广告创意专业,彻底打破学生在短视频行业中的就业壁垒。同时也可以根据高校、行业需求或学生的基本情况快速组合出合适的培养方案。最后,模块化的人培方案也有利于集中教学资源,避免教学资源浪费。比如各高校负责各自的课程模块,加强跨区域高校交流。

### (五)多校联动常态化

微专业培养模式的最后一个典型特征体现在多校联动上。培养模式持续化和人培方案模块化要求高校在微专业的建设中投入大量的教育和科研资源。传统的专业建设是一个专业一套人培方案或者一个专业方向一套人培方案,课程体系也全部根据人培方案来制定。但是微专业的快速迭代和不断外延的特征让传统的专业建设方案无法适用,往往一个微专业需要制定的人培方案或设计的人培模块是随着行业发展呈指数级增长的,比如这个月流行的短视频类型下个月可能就过时,今年的短视频美学特征到明年又不适用了。新的行业动态和热点需要反映在教学中就要不断更新课程资源库,而高校教育体系又难以集中资源完成微专业所有课程的建设与更新,这就需要高校之间积极合作,一所高校负责一个课程模块体系,一个课程团队负责一门课程的建设与更新,利用有限的资源完成不断增长的课程资源库,然后通过线上线下混合教学的方式完成各高校的微专业授课。最后,高校之间、高校与行业之间的互动又将反过来促进高校的专业建设,提高高校的办学水平。

## 结语

短视频行业需求驱动的微专业培养模式既能解决传统影视专业人才过剩的问题,又能解决短视频行业人才专业不匹配的问题,可谓一举两得。同时,微专业的培养模式也将从单个试点专业逐渐覆盖至更多领域的学科群,推动高校专业转型,为应用型本科教育和职业教育提供良好的人才培养模式范本。

(汪尧景,武汉传媒学院电影与电视学院制作系教师)

# 以应用为导向的戏剧影视类专业课程组建设探索与实践

## Exploration and Practice of Application-oriented Curriculum Group Construction of Film and Television Majors

◇ 王露　李华

Wang Lu　Li Hua

**摘要**：为落实习近平总书记提出的"立德树人"这一高等教育根本任务，提高新时代育人质量和办学水平，应用型本科高校开展了一系列人才培养方案改革和课程建设改革工作，其中，武汉传媒学院电影与电视学院结合专业人才培养目标和专业发展现状，通过推行以实践应用为核心的课程组建设、优化课程设计等方案，解决了戏剧影视类专业课程内容重复、学习资源短缺、学生主观创作能力不足等问题。笔者将从课程组构建、课程组团队成员建设、课程组特色等方面对课程组建设进行阐释，旨在探讨加快推进专业课程改革和专业建设的方法。

**Abstract:** In order to educate the young and deepeen curriculum reform, application-oriented universities have carried out a series of reforms in personnel training and curriculum construction. The School of Film & Television, Wuhan University of Communications combining talent training goal and the present situation of the major, through the implementation of practical application as the core of curriculum group construction and to optimize the design of the course, to solve the overlapping problem of curriculum content, Insufficient learning resources and Students' subjective creative ability is insufficient. The author will explain the construction of the curriculum group, the team members of the curriculum group, the characteristics of the curriculum group and so on, to explore the method of accelerating the reform of professional curriculum and professional construction.

**关键词**：课程组建设；专业建设；实践教学

**Keywords:** Course group construction, Specialty construction, The practice teaching

在《教育部关于全面深化课程改革　落实立德树人根本任务的意见》(教基二〔2014〕4 号)中明确指出:要在发挥各学科独特育人功能的基础上,充分发挥学科间综合育人功能,开展跨学科主题教育教学活动,将相关学科的教育内容有机整合,提高学生综合分析问题、解决问题能力。① 在教育部推行的新文科大背景下,应用型本科高校人才培养“学科—专业—课程”一体化建设势在必行,其中课程建设是核心内容,它是人才培养和教学质量的重要载体。根据武汉传媒学院的办学定位——聚焦于湖北地区影视传媒人才现实需求,结合 OBE 教育理念,电影与电视学院戏剧影视类专业在强化学生综合创新实践能力的培养目标上下足功夫,形成了以实践应用为核心的课程组教学体系,对标毕业要求,设置科学的课程体系,改革创新教学模式,着力培养综合素质高、动手能力强的应用型高级专门人才。

在教学改革过程中,武汉传媒学院电影与电视学院通过构建以实践应用为核心的课程组建设体系,搭建“全过程、可视化、多层次、系统化”的实践教学模型,来解决应用型本科院校人才培养过程中学科过于割裂、课程内容重复、学生主观能动性弱、教学体系系统性不足、学习资源拓展不足、创新能力不足等问题。具体思路如下:

## 一、以人才培养为中心,展开课程组建设

随着影视行业新技术和新概念的不断发展,社会对高素质应用型影视制作人才的需求越发强烈。调研发现,行业人才需求由注重专业技术型人才向学科交叉型、创新复合型人才转变。武汉传媒学院电影与电视学院的广播电视编导、戏剧影视文学、戏剧影视导演、影视摄影与制作、戏剧影视表演等各专业对影视类人才培养模式作出调整,梳理课程体系及课程关系,重新完善所有课程大纲,并融入课程思政建设,增加集中性实践环节,与时俱进,让人才方案更加适应学校未来发展和市场需求。

电影与电视学院各专业都与现实联系紧密,专业实践性较强。课程之间想要做到内容互补又相互支撑,需要做好协调与衔接。为了进一步优化课程设置和人力资源配置,武汉传媒学院电影与电视学院根据新的人才培养方案要求,对专业课进行课程组建设,打通各专业在学院内设置的一些基础专业课和核心专业课,厘清课程之间的关

---

① 教育部. 教育部关于全面深化课程改革　落实立德树人根本任务的意见[EB/OL]. (2014 - 04 - 08)[2022 - 5 - 20]. http://www.moe.gov.cn/srcsite/A26/jcj_kcjcgh/201404/t20140408_167226.html.

联性和延续性,并参照院系行政设置和师资分布,将性质相近的课程进行排布分组,将各专业课程按照实际情况分为史论课程组、广电课程组、编剧课程组、导演课程组、摄影课程组、后期课程组、录音课程组等7个课程组,使专业之间、课程之间形成有机协同,从理论基础、策划、导演、摄制、后期、录音、节目制作等方面,帮助学生形成完整、全面的创作思维,提升学生的专业整合能力。

具体如表1所示。

**表1 武汉传媒学院电影与电视学院课程组建设分组概况**

| | | |
|---|---|---|
| 编导系(广播电视编导+戏剧影视文学) | 史论课程组 | 《艺术学概论》《艺术通论》《文学概论》《电影作品与电影史》《戏剧作品与戏剧史》 |
| | 广电课程组 | 《广播电视概论》《电视节目策划》《电视文艺节目编导》《电视节目导播》《综艺节目创作》《电视与新媒体节目制作》《纪录片创作》 |
| | 编剧课程组 | 《影视剧作基础》《影视剧本分析》《电影剧本写作》《电视剧剧本写作》《戏剧剧本写作》《影视剧本创作》《剧作元素训练》《媒体文案写作》《经典影视剧本分析》《经典戏剧剧本分析》《影视剧改编》 |
| 制作系(戏剧影视导演+影视摄影与制作) | 导演课程组 | 《视听语言》《经典影视作品分析》《影视导演基础》《影视导演实务》《导演》《影视短片创作》《影视制片管理》 |
| | 摄影课程组 | 《摄影基础》《影视摄影》《影视照明》 |
| | 后期课程组 | 《影视剪辑》《数字图像处理》《影视特效制作》《影视包装设计》《CGI 影视后期合成》《三维动画设计》《影视调色》 |
| | 录音课程组 | 《影视录音艺术》《数字音频技术》《经典影视音乐赏析》 |

课程组由1位组长和3—8位执教相同和相近课程的教师成员构成。各课程组主要聚焦课程建设和协调学院做好教学相关工作。课程组长负责召集成员进行课程内容研讨,撰写教学大纲、实验大纲、考试大纲,完善教学日历和课程资料收集,主持教材与慕课建设、科研与教研活动以及培训交流活动、课题申报、指导竞赛等。

通过课程组建设可以将课程改革落到实处。课程组讨论规范教学内容,避免课程内容重复或知识点遗漏,有助于各门课程的发展和创新。团队成员之间相互支撑、互助,遇到突发事件,可以保证教学秩序的平稳运行。

基于课程性质建立起来的课程组对于课程目标和人才培养目标有着明确的一致性,便于实现优势互补、观念交流、资源共享,有助于一流课程的建设。在团队成员构成上,根据年龄、个性、学历、职称、教学、科研能力的优化组合,有助于提升教学团队的竞争力,促进教改、科研发展,有助于进一步优化团队资源建设,保障教学秩序稳定,有效解决教师资源分布,为教师教学、科研的时间冲突提供了良好的解决之道。

## 二、“内培外引、专兼结合”优化课程组团队成员

随着武汉传媒学院电影与电视学院教学改革的发展和双一流专业建设的深入,学校对教师的教学质量和科研质量的要求也越来越高。教师需要不断提升自己,更新教育观念,强化专业技能,探索新的教学方法,加强科研能力,从而全面提升教学质量。以课程发展和教学改革为核心的课程组建设方案,可以有效地促进教师队伍的发展和课程的建设。武汉传媒学院大力推行“双师型”教师队伍建设,以“内培外引、专兼结合”等方式构建梯度团队,解决过去教师队伍发展慢、传承少、不稳定等问题。

课程组是教学团队建设的有力依托。一是充分发挥学科带头人、骨干教师、资深教授的优势,做好新教师的传、帮、带工作;二是加强本院教师队伍在岗培训,了解产业前沿动态,支持教师考取与本专业教学实践相关的职业资格证书,为开拓专业前沿课程奠定良好基础;三是引进具备行业工作经验、有较多专业实践资源的社会人才进入到高等教育领域,除了不定期邀请业内名家举办讲座外,还为毕业生配备了专业导师、行业导师,对学生进行精准化、专业化的联合指导;四是与企业合作,允许教师待岗去企业进行专业实践,了解专业知识与产业发展的关联,促进教师自觉将专业理论知识与社会应用问题联系起来,并应用于课堂教学,促进师生专业实践意识以及社会意识的提升。

武汉传媒学院影视类专业课程组优化教师人才队伍质量建设,专业教师与行业教师充分配合,发挥“双师型”教师的教学应用优势,提高毕业生的专业技能水平与专业综合素养。① 建立有效激励机制,促进教师对课程组和课程建设保持热情,使全体教师能够更好地完成各项工作。

## 三、打造以实践应用为核心的特色课程组方案

作为应用型大学,武汉传媒学院在人才培养方案中对教学模式的创新改革从未间断过,形成多种特色教学模式。其中,重视培养学生的实践应用能力是教学特色之一。

### (一)全过程、可视化、多层次、系统化的实践教学体系

首先,在课程体系设置过程中,对课程门类和教学内容进行优化。缩减科目、课

① 孟艳,李萌.一流本科教育建设背景下教学团队建设路径探析[J].大学,2021(5):17-23.

时，提高课程的有效性和针对性，突出专业知识的内在联系，使有关课程相互渗透又相互独立，避免教学内容重复或割裂。

其次，落实基础理论与实践教学环节的有机结合。在加强基础理论教学的同时深化实践训练力度，确保理论有效指导实践，强化理论联系实际，培养具有人文素养、熟悉戏剧影视学科创作全流程、具备戏剧影视创作专业特长的复合型应用人才。

再次，建立独立的实践课程体系——集中性实践环节。每学期末设定的集中实践环节，利用2—3周的时间让学生完成一个综合实训项目。该实训也成为学期目标的直接呈现，考查学生对本学期知识的掌握与应用情况，与课内实践互补，更好地培养学生的知识整合能力和团队协作能力，切实提高学生的综合素质。

最后，打通课堂教学和课外实践，加强业界交流，以赛事、展映为承载，从课堂教学、专业实践到专业应用，形成全过程、可视化、多层次、系统化的实践教学体系，各层次相互衔接，渐进发展。

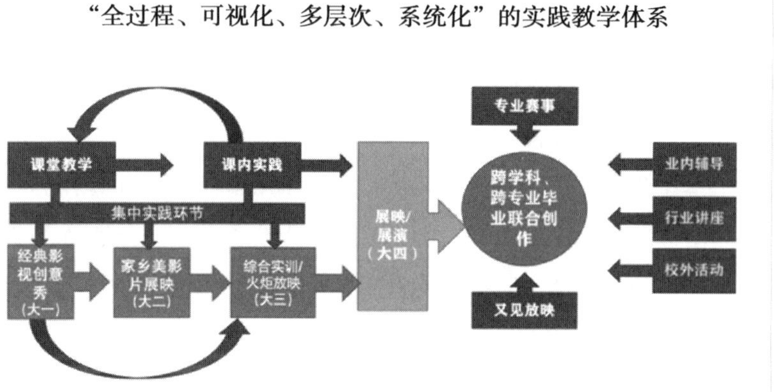


**图1　武汉传媒学院电影与电视学院实践课程教学体系**

从课程设置出发，武汉传媒学院电影与电视学院构建了全方位的实践教学体系和应用体系，开拓了基础技能训练⇒综合技能训练⇒创新思维训练的实践教学思路。在教学中加强与业界的交流，以项目和赛事为承载，培养应用型人才，全方位、多渠道、多形式阶梯化推进，完成人才培养计划。

### （二）课程组联合创作，破除课程壁垒

在教学改革中，以问题为导向，由教师成员依据课题建设和科研项目自由组合，有效促进不同课程组研究人员之间进行深度交流与合作，有效打破课程之间的壁垒，培养学生的知识整合能力及创新思维，促进教师团队与团队之间、课程与课程之间进行联合

创作。

例如在校级改革项目中,摄影课程组与后期课程组联合创作,打通课程平台,不同课程对应的学生团队成员相对固定,集中精力完成了较高质量的"课程无缝拼接式"作业、作品。教师打破课程壁垒,针对学生作品进行综合指导,加大对单个作品的指导力度,使学生有意识地将各门专业课知识点进行互通和综合,最大限度地进行综合知识的应用。这样不仅节约了时间和成本消耗,集中学生团队力量,促成一批有水准、高质量的学生作业产生,提高了学生的专业实践水平,在结课时,还可以以答辩形式最大限度地激发学生的作品荣誉感和持续学习的热情。

### (三)以任务为驱动,"教、学、赛、映"四位一体,培养学生的创新思维和实践能力

近年来,为了加强学生的课程参与度,强化师生互动,提高教学效果,增强学生的专业实践能力,在以 OBE 理念为指导的人才培养方案中,尽可能考虑课程内容的综合性和实践性,核心课程旨在夯实学生的基础理论功底,让其掌握学科相关理论知识;专业选修课则侧重提高学生解决问题的能力;①集中实践环节可以更好地整合课程知识,侧重打造学生作品,并且将项目和赛事有效融入课程之中,让学生在"做中学,学中做",形成"教、学、赛、映"四位一体,培养学生对知识的应用和创新能力。

在"教"中给予学生全方位指导,以优质网课为支撑,以综合训练为抓手,以产出为导向,通过加强课程组建设,促进学科之间的交流。线上课程的建设拓展了学生的学习资源,增加了课程之内、课程之间、课程之外的互动。在此基础上,课程设计加大了理论比例,为实践创作提供创意支撑。课程内容采取联合授课模式,实现学以致用,融入思政主题,促进自主研究,注重专业综合训练,以课程组建设为核心,有针对性地指导学生创作,将作业打造为作品,参与赛事。

在"学"中以任务为驱动,将赛事和项目植入课堂教学,让学生从实际问题出发解决问题,引导学生将作业打磨为作品。

为了能让学校师生及时了解影视前沿动向,能够不出校门与影视界专业大咖级人物进行专业互动交流,武汉传媒学院力邀全国各大影视制作公司、影视宣发公司来校进行电影主题点映活动。截至目前,学院共主办或承办电影活动超过 50 场,平均每学期 5 场,有 5 万余人次因此获得免费观影机会。这项电影点映活动已经成为武汉传媒

① 冯春. 基于"教、学、赛"三位一体的 MPA 专业学位研究生培养模式探索[J]. 黑龙江教育(高教研究与评估),2021(10):70-73.

学院的一张靓丽名片，曾多次登上全国热搜榜，校外各大媒体争相报道，在社会上产生了很好的影响力和感召力。同时它也开启了与业界人士进一步合作的大门，很多毕业生通过这个平台获得了到爱奇艺影业、光线影业等公司的工作机会。

## 四、课程组建设的反思与总结

在当前的大环境下，艺术学科面临着拓展与融合，作为综合性较强的戏剧与影视类专业，培养学生的综合素养和主动适应社会需求的能力变得特别重要。武汉传媒学院构建了宽视野的人才培养方案，优化了师资队伍建设，从根本上形成以教师为主导、学生为主体的教学模式。兼顾教学内容的动态性发展，注重实践教学的综合性，极大地增加了学生参与深层次创新实战演练的机会。

同时，课程组建设也带给我们以下反思：其一，明确课程组目标。所有教师目前关注的重点是制定课程目标，但是课程组目标更是不可忽略的一个环节。它可以从宏观上把控各门课程将要达成的目的，并兼顾课程之间的兼容性和延续性，从而推动毕业目标的达成。因此课程组责任人不可只顾本门课程，而要做好顶层设计，分析课程之间的关系，明晰各门课程的任务，确保各专业人才培养方案的目标达成。其二，课程组执行中的激励机制和评价体系的完善。做好激励制度、考核评价是课程组能够延续建设的保障。多元化的激励机制，如对网络课程建设、竞赛指导、科研项目等予以奖励，能够更好地调动教师的积极性，激发教师潜能。考核评价能够增强教师团队的凝聚力和教学规范性。例如，将课程内容建设、资源建设、教学效果、课程特色等作为课程组评价元素①，完善教学的正常监管和调控，形成良好的教学管理。

（王露，武汉传媒学院电影与电视学院讲师；李华，武汉传媒学院电影与电视学院副教授）

① 曾宣伟. 区域性推进学校课程整合建设的思考与实践[J]. 教学月刊·中学版(教学管理)，2015(12).

# 播音与主持艺术专业课堂教学管理对策研究

## Study on Classroom Management Strategies in the Major of Broadcasting and Hosting Arts

◎ 卜凡凡

Bu Fanfan

**摘要:**艺术类高校课堂教学管理的重心在于学生,而播音与主持艺术专业在艺术类高等院校中专业知名度较高,比较具有研究价值。艺术类教育要走得更远,离不开课堂教学管理的方方面面。目前,播音与主持艺术专业的课堂教学管理在学生知识水平、能力水平、个性特征三个维度上存在问题。本文针对播音与主持艺术专业的学情问题,提出深度强化教学内容融道于艺、教学过程中注重理论与实践的深度融合、根据学生课堂表现因材施教开展教学这三条加强课堂教学管理的具体操作路径。

**Abstract:** The focus of classroom teaching management in art colleges and universities lies in students, and broadcasting and hosting art majors are well-known in art colleges and universities, and have more research value. Art education has to go further, and it is inseparable from all aspects of classroom teaching management. At present, the classroom teaching management of broadcasting and hosting art majors has problems in the three dimensions of students' knowledge level, ability level, and personality characteristics. This article aims at broadcasting and hosting art. Regarding the issue of professional learning, this paper proposes a specific operation path to strengthen classroom teaching management from three aspects: intensifying the integration of teaching content into art, focusing on the deep integration of theory and practice in the teaching process, and teaching students in accordance with their aptitude in classroom performance.

**关键词:**播音与主持艺术专业;课堂教学管理;对策研究

**Keywords:** Broadcasting and hosting art major, Classroom teaching management, Countermeasure research

艺术类高等院校一般以中央与地方为基本划分形式，中央艺术类高校直属于教育部，地方艺术类高校多由地区所属辖区的教育部门管辖。本文中所提到的艺术类高等院校指的是地方艺术类高校。教学管理的概念，一般被界定为“学校管理者为了实现教学目标，采用一定教学方法对教学的过程进行合理的计划、组织、协调和控制等”①。这里的概念是基于学校层面来界定的，而本文所提到的课堂教学管理是相较于狭义的教学管理概念中更加细分职责的体现，即在一定教育理念的指导与影响下，为了实现教学目的，在各教学单位合理规范安排的基础上，通过多种教学形式与手段，在充分使用教学资源开展教学活动的过程中进行管理。

## 一、艺术类高等院校课堂教学管理的重要性

“艺术类高等院校肩负着国家的重任，是培养高级艺术类人才的基地。”②艺术类高校的课堂教学管理是高校教学管理的重要组成部分，也是提升学科专业地位、学校竞争力的关键因素。

首先，艺术类高等院校由于专业方向的不同，对应的课堂教学模式也截然不同。艺术类高校的教学管理工作应用层面广，缺乏针对性，课堂教学管理存在不同程度的教学难题。教学管理作为高校教育学界的热点研究问题，多从学校及管理层面去探讨解决方法，较少在教师的视域下以课堂为切入点对教学管理进行分析与研究。加强艺术类高等院校课堂教学管理，能够丰富目前高等教育研究的相关理论知识。

其次，艺术类高等院校与综合类高等院校的课堂教学具有明显的体系差异，具体体现在人才培养目标与管理手段的不同。根据艺术类院校的学生特点，良好的课堂教学管理能够有效提高学科专业的教学水平，有利于打造一流本科课程，塑造学校在艺术类学科专业领域的品牌，提高学校在艺术类高等院校中的学科排名，提升学校的综合实力以及整体竞争力。反之，如果不重视艺术类高等院校的课堂教学管理，那么对于整体专业水平的提升、教学质量的提高都有很大影响，在教育部的专业评估中也会面临被迫撤销专业的危机。近年来，已有多所艺术类院校相继撤销多个艺术类专业，加强艺术类高等院校课堂教学管理的迫切性日渐凸显。

最后，艺术类高等院校课堂教学管理的重要性来自学生的需求，而学生的需求则体现在教学的每个环节当中。基于艺术类院校学生的特点，不重视课堂教学管理，会

① 薛莹. 艺术类高校教学管理存在问题及对策研究[D]. 长春：吉林大学，2012.
② 李颖. 高等学校教学目标管理研究[D]. 武汉：武汉理工大学，2004.

导致学生专业水平参差不齐、无法在课堂中取得进步、自我管理能力较差。只有在充分考虑学生需求的基础上,加强艺术类高等院校课堂教学管理,更好地因材施教,才能提高课堂效率,促进专业的学习以及完善人格的培养。当前,我国艺术类高校课堂教学管理还存在诸多问题,如何加强艺术类高等院校课堂教学管理成为一项重要的现实课题。本文将基于播音与主持艺术专业学情问题具体分析并提出相应的课堂教学管理对策。

## 二、播音与主持艺术专业学情问题

(一)学生综合素质良莠不齐

近年来,艺术类高等院校的优势逐渐凸显,随着学校规模的不断扩大,学生数量也增长迅速,但仍面临学生综合素质良莠不齐的现状。2021 年 9 月教育部印发《关于进一步加强和改进普通高等学校艺术类专业考试招生工作的指导意见》,这次发布的纲领性意见,再次强调了逐步提高艺术类专业考生的文化成绩要求,扭转部分高校艺术类专业在人才选拔上重视专业能力、轻视文化课成绩的倾向。① 以播音与主持艺术专业为例,笔者选取了 2019—2021 年湖北省艺术类提前批播音与主持艺术专业文化课录取分数线进行综合比较(见表 1),可以看出,2020 年和 2021 年较 2019 年录取分数有所下降,但整体仍保持在 400 分上下浮动。

**表 1　2019—2021 年湖北省艺术类提前批播音与主持艺术专业文化课录取分数线**

| 2019 年 | 2020 年 | 2021 年 |
| --- | --- | --- |
| 420 | 395 | 397 |

以湖北省某传媒类高校为例,该校播音与主持艺术专业学生 2019—2021 年的生源分布以江西省、河北省、广东省为主,除江西省 2019—2021 年文化课分数有大幅变动外,其他省份的录取分数浮动区间始终保持在 10 分以内,但总分不超过 300 分(见表 2)。

① 欧媚,高众. 教育部部署进一步加强和改进高校艺术类专业考试招生工作——选拔品学兼优的艺术新苗[EB/OL]. (2021-09-25)[2022-08-15]. http://www.moe.gov.cn/jyb_xwfb/s5147/202109/t20210926_567012.html,2021-09-25.

**表 2　湖北省某传媒类高校播音与主持艺术专业主要生源省份学生 2019—2021 年文化课录取分数线**

| 年份/省份 | 江西省 | 河北省 | 广东省 |
|---|---|---|---|
| 2019 年 | 291 | 284 | 255 |
| 2020 年 | 393 | 291 | 250 |
| 2021 年 | 376 | 289 | 260 |

综合来看，播音与主持艺术专业的整体录取分数仍偏低，学生普遍文化素养不高，文化基础薄弱，自觉性和综合素质相对较差，该群体具有一定特殊性。

(二)学生学习习惯爱博不专

由于播音与主持艺术专业的特殊性，课程教学安排多侧重于实践学习，而艺术类学生的自我约束能力较差，学生在专业课程的学习中，容易产生重实践轻理论的思维定势，缺乏对专业宏观视野的把控。笔者搜集了湖北省某艺术类高校播音与主持艺术专业的 118 名学生针对播音与主持艺术专业课程兴趣的调查问卷，经过数据分析，49.38% 的学生更喜欢专业实践课程，46.91% 的学生认为专业实践与理论课程同等重要，仅有 3.7% 的学生喜欢专业理论课程（见图 1）。对于学习习惯较差、自我约束力不足的艺术类专业学生来说，他们普遍认为专业理论课程枯燥无趣，甚至有小部分学生认为理论课程对于提高专业能力没有任何意义。根据《播音与主持艺术专业人才培养方案》的要求，培养应用型专业人才是重中之重。但根据目前社会的发展动向，除了往广播电视等传统媒体输送人才以外，新媒体、电竞解说也有了全新的播音人才需求。

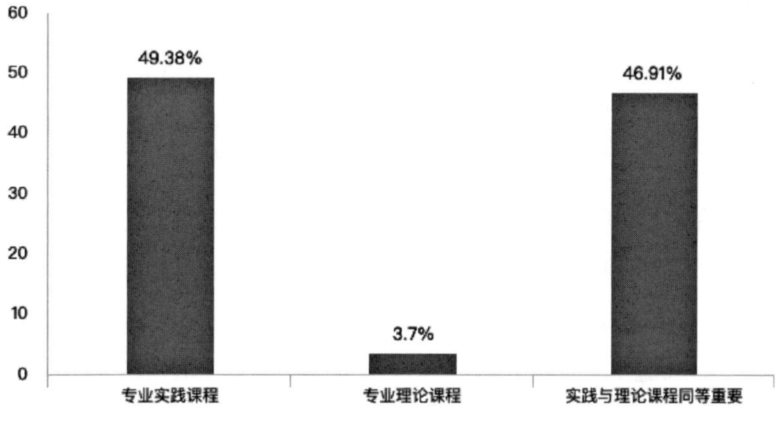


**图 1　湖北省某艺术类高校播音与主持艺术专业学生偏好的专业课程类型数据分析**

目前,部分艺术类高校对于播音与主持艺术学生仍然从宏观视角进行人才培养,没有具体划分方向,导致学生无法精准学习到更感兴趣、更擅长的领域,对于宏观专业的实践学习就显得博而不专。

(三)学生个性因素导致教学困境

播音与主持艺术专业学生的来源主要有两类:一种是具有艺术天赋的特长生或者是自身热爱艺术学科的艺术生;另一种是高中阶段成绩不佳,借助艺术生的身份降低对文化课的要求从而考取大学的学生。相较于其他普通文、理学科学生,以上两种类型的学生个性差异较大,更容易表现出独特的群体特性。播音与主持艺术专业学生虽然在艺术造诣、创新精神、思维敏捷、共情能力上有诸多优点,但在具体的课堂教学管理中也存在以下三个方面的问题。

第一,个性突出不便管理。播音与主持艺术专业学生作为艺术生群体的一部分,读书期间恰好处于人格培养的重要时期。他们性格迥异、情感细腻、好奇心重、原则性不强,容易受到多元文化及周边环境的影响。在课堂教学管理中,学生的注意力普遍会被与教学内容无关的一切其他事物所吸引,对于教学内容的兴趣度不高;对于专业学习也有自己的一套理解,也擅长利用专业意识去思考问题,捕捉最新潮流动向,甚至于去追求与主流价值观背道而驰的文化内容。播音与主持艺术学生独特的个性特点,使得课堂教学管理面临重重困境。

第二,学习态度两极分化严重。部分播音与主持艺术专业学生沉溺于过往艺术统考成绩,容易滋生骄傲自大的情绪,并将这一情绪带入日常学习中,从而引发不努力、不上进的学习态度,在校期间没有树立正确的专业思想,既不巩固专业,又不重视学业,到后期学业和专业双双出现了退步。还有部分学生进校后只着眼于专业技能的提升,忽视了对于学习的积累,在专业实践过程中容易表现出文化底蕴不够、附庸风雅的一面。在这种情况下,如何通过课堂教学培养学生的专业能力、文化修养,就成了一项亟待解决的难题。

第三,思维跳脱容易剑走偏锋。播音与主持艺术专业的学生较普通学生思维更活跃,有很强的接纳新鲜事物的能力,对于高校培养和提升学生的综合素质创造了较好的条件;部分学生的想象力和创造力超群,对待艺术有自身独特的见解,但自身的思想意识、法律意识、政治意识、集体意识等远远不够,如果没有正确的引导则很容易会剑走偏锋。有一部分艺术生对专业饱含热情,但缺少对国家大事的关心和关注,部分青年团员、党员思想组织观念不强;另一部分艺术生缺少理论知识的学习,在思想政治课上不够用心,甚至旷课,容易受到外部不良环境的影响和诱导。学生思维的跳脱也使课堂教学管理更加困难。

## 三、播音与主持艺术专业课堂教学管理对策

基于播音与主持艺术专业学生学情问题的分析,目前教师可从以下三个方面着手课堂教学管理。

### (一)深度强化教学内容,融道于艺

"经师易求,人师难得。"教师承载着传播知识、传播思想、传播真理,塑造灵魂、塑造生命、塑造新人的时代重任。① 这是2019年3月18日习近平总书记在《学校思想政治理论课教师座谈会》上的讲话。课程思政理念的提出,对艺术类高等院校教师教书育人的工作提出了新的要求。在播音与主持艺术专业的人才培养目标中,对人才的要求不仅需要具备良好的艺术素养与专业技能,而且还要具备较高的科学文化素养。因此,学校应根据艺术院校学生的实际情况和特点,选择合适的教学方法与手段,因地制宜地开展教学工作,将课程思政与德育教育融入专业课程的教学当中,发挥隐性教育与显性教育的功能与作用,提高学生的综合文化素质。专业课教师与其他公共文化课的教师相比,与播音与主持艺术专业学生联系更为紧密,这就要求专业教师团队加强德育教育、立德树人,为播音与主持艺术专业的学生树立良好榜样,深度强化教学内容,融道于艺。

### (二)教学过程中注重理论与实践的深度融合

实践教学应依据职业需求开展。"广播电视从业人员的职业能力需求是播音主持专业人才培养与课程设置的依据。"②但随着全媒体时代的发展,播音主持人才未来的就业趋势势必会不断呈现出新的动向,这就要求课堂教学依据未来的媒介市场的发展走向,更加精准地进行职业能力培养。四川省某艺术类高校播音与主持艺术专业为了满足不同学生的兴趣,更好地发挥所长,在学生大学二年级时进行了具体细致的方向划分,如融媒体主播主持、电视主播主持、广播主播主持、双语播音、综艺主播主持、影视配音等。专业方向的细致划分不仅能够使学生在专业学习上更有针对性,而且在自身的兴趣领域内能够更好地发挥主观能动性,实现理论与实践的深度融合。

---

① 黄蓉生,谢忱. 新时代加强高校思想政治理论课教师队伍建设的根本遵循[J]. 思想教育研究,2021(2):3-7.

② 陈京生. 从职业能力需求看播音与主持艺术专业的学科定位[J]. 现代传播,2007(6):108-111.

### (三)根据学生课堂表现因材施教开展教学

艺术类高等院校教师在对播音与主持专业学生开展课堂教学工作时,应充分了解艺术类大学生的个性特征,尊重其个性发展的个体差异,教师要在课堂教学中留意学生的思想动态、专业的基本情况、性格特点,并因材施教,为不同类型的学生设定阶段性需要完成的目标。对于个性独特、难以管理的学生,教师需要将正确的人生观、世界观与价值观作为隐性教育,搭配专业课程培养目标作为显性教育,二者相辅相成,融入日常课堂教学内容中,正视与这些学生相互磨合过程中产生的负面情绪,对学生有耐心,对结果保持信心。

## 结语

目前,艺术类高等院校越来越重视艺术类学生的文化教育工作,课堂教学管理作为高校文化教育工作的一种实施形式,能够对学生的知识掌握、能力目标、个性特征三个方面存在的问题进行综合提升。对于播音主持艺术专业学生的课堂教学管理,应加强文化素质的培养,弥补学生能力的局限性,教学过程中注重运用多种教学方法,实现理论与实践的深度融合,遵循学生的个性发展规律,因材施教,保障课堂教学管理工作的有效进行。良好的课堂教学管理有利于提高当前我国播音与主持艺术专业教育教学的水平,对于艺术类高等院校播音与主持艺术专业课堂教学管理工作具有一定的借鉴意义。

(卜凡凡,武汉传媒学院播音主持艺术学院助教)

# 人才培养

# 民办高校戏剧与影视学科青年教师教学与科研的冲突与融合①

## Conflict and Integration of Young Teachers Teaching and Scientific Research in Theatre and Film Study of Non-governmental University

◎ 姜微

Jiang Wei

**摘要:**青年教师是民办高校发展的中坚力量,引导青年教师妥善处理好教学与科研之间的冲突,是提高民办高校办学水平、促进教师自身发展的关键。本文以武汉传媒学院的特色学科"戏剧与影视学"为例,着眼于民办高校青年教师在教学与科研中面临的冲突,帮助他们从政策引导、破除壁垒、提高教师能力等方面出发,找到教学和科研从冲突到融合的发力点和融合点。

**Abstract:** Young teachers are the backbone of the development of non-governmental university. Guiding young teachers to properly handle the conflict between teaching and scientific research is the key to improve the running level of non-governmental university and the development of teachers themselves. This paper takes the characteristic subject of "Theatre and Film Study" where the author works as an example, focuses on the conflicts faced by young teachers innon-governmental university, and helps them find the power and integration points of teaching and research from conflict to integration starting from policy guidance, breaking barriers and improving teachers' ability.

**关键词:**民办高校;戏剧与影视学科;青年教师;教学;科研

**Keywords:** Non-governmental university, Drama and film discipline, Young teachers, Teaching, Scientific research

---

① 本文系校级教学改革研究项目"民办艺术类高校'质量工程'项目建设路径研究——以武汉传媒学院戏剧与影视学科为例"(项目编号:XJ202110)结项成果。

教学是学校工作的重点,科研是学校办学水平的体现。对于当今民办高校中的青年教师,尤其是戏剧与影视学科所属的艺术专业的青年教师来说,如何面对教学与科研之间的冲突,从两者的冲突中,找到教学和科研的平衡点,实现教学和科研的互相促进、互相发展、互相融合,是提升民办高校戏剧与影视学科青年教师的业务能力的关键。

## 一、戏剧与影视学科的设置情况

2011 年,国务院学位委员会决定将艺术学升格为学科门类,戏剧与影视学也升格为一级学科。

根据教育部最新发布的《普通高等学校本科专业目录(2022 年)》,戏剧与影视学科下设戏剧与影视学类专业,属于艺术学门类,包括表演、戏剧学、电影学、戏剧影视文学、广播电视编导、戏剧影视导演、戏剧影视美术设计、录音艺术、播音与主持艺术、动画、影视摄影与制作、影视技术、戏剧教育、曲艺、音乐剧等 15 个专业。

目前,武汉传媒学院的“戏剧与影视学”学科为湖北省“十四五”优势特色学科,下设表演、播音与主持艺术、广播电视编导、戏剧影视导演、戏剧影视文学、影视摄影与制作、戏剧影视美术设计、动画等 8 个专业。因此,以武汉传媒学院为例,进行民办高校戏剧与影视学科青年教师教学与科研的冲突与融合分析,论据丰富,具有广泛的代表性。

## 二、高校青年教师的界定

有关高校青年教师的界定,学界众说纷纭。在本文中,高校青年教师被界定为具有高等学校教师资格证书,在实施全日制本科及以上层次教育为主的普通高等学校内,专门从事教学与科研工作的、年龄在 40 周岁以下的专任教师。①

这类教师是民办高校教学的主力军,承担着人才培养方案中规定的绝大多数课时的教学任务,同时也面临着职称评定、科研任务的多重压力。对于戏剧与影视学科类教师而言,他们的教学更偏重于艺术创作实践性教学,理论教学部分相对于其他学科而言较为薄弱,在科研上处于劣势。

---

① 单常艳,迟广源. 大学文化视角下高校青年教师职后教育研究[J]. 牡丹江教育学院学报,2020(10):56 - 58.

## 三、民办高校戏剧与影视学科青年教师教学与科研面临的冲突

### (一)青年教师教学水平不高

民办高校戏剧与影视学科的青年教师,多为硕士研究生毕业,从校园毕业直接走上了讲台,没有经过系统的教师业务能力培训、见习听课、辅助教学等阶段,适应教师身份需要时间转换。虽然学校为了促进青年教师的发展,制定了青年教师导师制、上岗业务培训等相关制度和培训计划,但是对于青年教师而言,要在短时间内提高教学水平仍然困难重重。戏剧与影视学科青年教师的艺术创作实践能力较之教学能力而言更有优势,而如何将艺术创作实践以准确的教学语言和恰当的教学方式表现出来,则需要长时间的实践指导和有针对性的培训。

同时,民办高校的办学经费多来源于投资方和学生的学费收入,学校为降低成本,教师的课堂教学工作量普遍高于公办高校。近年来,民办高校进入内涵式发展时期,教师的工作量统计也从仅统计人才培养方案上的课时工作量,到目前与教学有关的工作量都会进行综合统计,如将教师的艺术创作、实践指导、教科研成果以及承接校内外各类社会工作等均纳入工作量统计范围,引导教师在完成学校规定的工作量后,根据自身的实际情况开展研究、实践和社会服务工作。然而,虽有政策引导,但受限于戏剧与影视类学科教师招聘难度较大,教学单位的教师数量有限,青年教师往往承担了大量的课堂教学工作,他们把主要精力放在课堂教学和备课上,自我学习和充电的机会较少,这也是导致青年教师教学水平难以提高的原因之一。

### (二)青年教师科研能力提高较慢

由于民办高校戏剧与影视学科青年教师的准入门槛较之于公办高校低,在教师入职考核时主要考查的是教师在戏剧与影视学科所属专业上的教学能力和艺术表现及创作能力。作为刚从学校毕业的青年教师,科研能力及水平有限,科研成果也不显著,所以,学校在面试该学科的青年教师时,科研方面不作为主要指标进行考核。学校对于戏剧与影视学科新进青年教师的科研工作重视度不高,导致大部分青年教师在入职后很长一段时间内科研能力提升很慢。除了大量的教学任务使得他们难以拿出更多的时间从事科研工作外,更为根本的原因在于,该学科青年教师在认知上将实践创作上升到与科研同等高度,想要扭转这种误区需要一个长期的过程。

### (三)教师难以把握科研和教学的平衡关系

科研和教学就如同天平的两头,民办高校戏剧与影视学科的青年教师在精力上如何投入,时间上如何分配,都是需要进行抉择和平衡的:在科研上投入的时间多,就可能出现重科研、轻教学的情况;在教学上投入的精力多,就会出现重教学、轻科研的情况。加之该学科以艺术专业为主,青年教师的能力和专长是艺术创作,能够得心应手地完成教学工作已经实属难得,想要在科研方面有所突破就更加难能可贵了。

目前,民办高校进入了内涵式发展时期,高校教师的考核也随之发生了变化,不仅考核教师的教学水平,教师的科研能力在整个考核中所占的比重也在逐步提高。鉴于此,对于民办高校戏剧与影视学科的青年教师来说,在工作中既不能忽视课堂教学,也不能忽视科研,二者舍弃哪一方面都不可,如何在教学和科研中找到平衡点就成为青年教师的强烈诉求。由此带来的心理焦虑,不仅不利于青年教师的身心健康发展,对教学和科研的推进也产生了一定的阻碍,势必影响学校的整体发展。

### (四)科研与教学之间的关系

职称是对教师能力的认可。目前,在整个教师职称评价体系中,除了对教学工作有明确的要求外,对科研的要求同样占据了非常重要的部分。民办高校对教师的职称评审条件,在国家政策允许的范围内相对宽松。戏剧与影视学科属艺术类专业,虽然该专业教师在职称评审中可以“创作 + 科研 + 教学”或“科研 + 教学”进行职称认定,但科研成果是其中必不可少的。要从讲师晋升为副教授,至少需要 5 年时间来准备职称评审中需要的各种资料,如在核心刊物上发表论文,或者申报省级的科研项目,抑或者撰写学术专著,等等。艺术学科教师与非艺术学科教师相比,科研水平较弱,在职称评审材料的准备上需要下的工夫也更多。对于教学和科研来说,科研的专注度相对更高,且科研是教师个人专业能力的体现;教学则是通过学生的成绩、成果及社会的评价来获得满足感。作为民办高校的戏剧与影视学科青年教师,如艺术创作能力与科研水平均能在业界获得认可,对于自身发展而言是颇为有益的。

### (五)教师的评价体系不尽合理

高等教育的基本职能涵盖人才培养、科学研究、社会服务、文化创新四个方面。因而,对于民办高校戏剧与影视学科青年教师的考核,也应该从这四个方面结合戏剧与影视学科的特点,制定相契合的评价体系以及相对应的指标。目前,大多数民办高校处于本科教学工作合格评估阶段,学校对各教学单位以及教师个人的考核多以本科教学工作合格评估中的指标为参考,进而制定相应的考核评价体系和指标。在整个本科教学工作合格评估中,教学工作是重点评估的内容,而其他方面在整个评估体系中则属于"锦上添花"的范畴。因此,在对戏剧与影视学科教师的考核中,将教学工作作为考核的重要指标,而科研和其他项目则被视为考核的次要指标。教师即便没有达到考核要求的科研工作量,也不会对其下一年度的工作和经济收入造成太大影响。但对于高校长远发展而言,科研能力的提高,是彰显学校教师队伍的整体实力的重要指标之一。

## 四、民办高校戏剧与影视学科青年教师教学与科研从冲突到融合的对策

### (一)完善民办高校戏剧与影视学科青年教师教学与科研的评价机制

人力资源和社会保障部、教育部《关于深化高等学校教师职称制度改革的指导意见》(人社部发〔2020〕100号)中明确提出:推行代表性成果评价,克服唯论文、唯"帽子"、唯学历、唯奖项、唯项目等倾向;落实自主评审,高校教师职称评审权直接下放至高校等等。[①] 针对当前教师科研与教学评价体系中重科研、轻教学或重教学、轻科研的不均衡现象,学校应以《关于深化高等学校教师职称制度改革的指导意见》文件精神作为导向,深入戏剧与影视学科青年教师所在院系和群体中广泛听取意见,修订和完善评价体系和指标。一方面,要在评价体系指标中加强教学在评先评优及职称评定中的重要性,学校对于教师在教学方面获得的成果予以认可的同时,还要加大奖励力度(可参考科研成果奖励);另一方面,在评教体系及政策支持中,要进一步落实和强化对于科研转化为教学的支持力度,真正做到以科研促教学。同时,根据戏剧与影视学科的专业特点,增加艺术创作等方面的评价指标,重点关注将艺术创作实践融入教学和科研工作中,做到以创入学,由创促研,教研结合。

### (二)破除教学与科研的分割壁垒,促进教学和科研互相融合

首先,民办高校戏剧与影视学科青年教师应在思想上树立"教学是科研的基础,科研是教学的提升,科研与教学的相互促进、共同发展"的理念[②]。教学和科研两者虽然是教师在学校工作中两种不同性质的活动,但二者之间又有着非常紧密的联系。只

---

① 人力资源和社会保障部、教育部. 关于深化高等学校教师职称制度改革的指导意见[EB/OL].(2020-12-31)[2022-05-26]. http://www.gov.cn/zhengce/zhengceku/2021-01/27/content_5583094.htm

② 郭华恬,刘雪凯. 高职院校青年教师教学与科研的隐忧与对策研究[J]. 高教学刊,2018(1):46-48.

有在思想层面上对教学和科研的关系有正确的认识,在行动上才能朝着正确的方向前进。

其次,民办高校戏剧与影视学科青年教师在自我发展过程中,发现教学中存在的问题,可以通过科学的研究路径和方法,找到问题产生的原因,提出解决问题的对策;反之,科学研究中涉及的教学及艺术创作问题,也可以在教学工作中得到验证,促进教师的教学改善,提高教学水平和质量。

可以说,科研和教学是互为促进、共同发展的。这种发展是一个螺旋上升的过程,教师通过多轮的教学反思、科研探索,不仅完善了教学理论,改善了教学方法,而且还明确了自己的发展方向,提高了自身的学术水平;在科学研究中提出教学活动新的方法,在教学中进行验证,推动教学的持续改革和发展。

### (三)"行教"协同,提高青年教师的教学和科研能力

民办高校戏剧与影视学科青年教师的科研和教学能力较弱,作为学校教师发展部门,要从学校具体情况、学科专业特点、教师构成特点等方面全面分析,制定该学科青年教师的培养和培训方案,帮助他们尽快完成身份转换,以适应高校教学和管理的方式方法,提高教师的教学水平和科研能力。青年教师所在的院系要根据学校的培养培训方案,结合戏剧与影视学科的特点,制订"一对一"规划,将戏剧与影视学科青年教师的培养和提升落到实处。

作为民办高校戏剧与影视学科青年教师个人,要清楚认识到自己在业务水平上的不足,明确自身的艺术创作特点、教学存在的问题以及学术发展方向,做到术业有专攻,不断完善和充实自己的教学理念和教学方法,不断丰富和深入自己的科研领域,做到科研和教学双管齐下,共同发展。

## 五、结语

民办高校起步较晚,教师年龄结构趋于年轻化,教学和科研都存在一个进阶发展过程,尤其是对于民办高校戏剧与影视学科青年教师来说,教学和科研的发展道路更加任重道远。教学和科研之间的关系是有机融合的,不是互相对抗、彼此冲突的。作为民办高校戏剧与影视学科青年教师,要充分认识到这一点,努力把握好科研和教学的平衡关系。尤其是对于擅长艺术创作的戏剧与影视学科青年教师来说,更要将创作运用于教学,促进科研,进而找到教学和科研的平衡点,以实现教师自身能力的全面提升和学校的整体发展。

## 参考文献

[1]单常艳,迟广源.大学文化视角下高校青年教师职后教育研究[J].牡丹江教育学院学报,2020(10):56-58.

[2]郭华恬,刘雪凯.高职院校青年教师教学与科研的隐忧与对策研究[J].高教学刊,2018(1):46-48.

[3]李亚,徐晨伟,徐潇等.高等职业院校青年教师教学和科研融合发展探索[J].教育现代化,2021,8(40):145-148.

[4]韩成英,田敏,齐振宏.高等职业院校青年教师科研困境与提升对策[J].科技创业月刊,2020,33(11):131-134.

(姜微,武汉传媒学院教务处副处长)

# “产教融合”背景下应用型本科院校影视翻译人才培养探索①

## Exploration on Audio-visual Translation Talents Cultivation in Application-oriented Universities under the Background of Integration of Industry and Education

◈ 洪俊

Hong Jun

**摘要:**高校影视翻译类人才培养面临的主要问题是缺乏实战场景,场景的缺乏会影响学生实践能力的发展和课程教学质量的提升。本文从“产教融合”的现状出发,尝试探讨影视翻译人才培养的“传媒+翻译”“学界+行业”途径,贯通产学研用维度,以培养高层次、应用型影视翻译人才。

**Abstract:** Lacking practical training is the main dilemma during talents cultivation in audio-visual translation, threatening the development of practical ability of learners and improvement of teaching quality. This essay stands on the current situation of “integration of industry and education”. It tries to discuss approaches to cultivate talents of audio-visual translation, which is media and translation, educational circles and industries. The essay also attempts to find solutions of industry-academia-research-application combination for the sake of cultivating high-level and application-oriented talents in audio-visual translation field.

**关键词:**产教融合;影视翻译;校企合作

**Keywords:** Integration of industry and education, Audio-visual translation, University-industry cooperation

---

① 本文系2021年“全国高校外语教学科研项目”《基于“传媒+影视+英语”三位一体人才培养模式的专业核心课程特色教材研究》结项成果。

进入21世纪的第二个十年,我国与世界各国在经济、政治、文化等领域的交流不断深化,全社会对高层次、应用型影视翻译人才的需求不断加大。然而,现有的影视翻译人才培养模式由于实战场景的缺乏和教学模式的制约,使得人才培养与需求之间产生了一定程度的错配,对影视翻译人才培养的探索势在必行。

教育和产业之间有着千丝万缕的联系,影视翻译人才的培养亦离不开与影视翻译产业的密切对接。高校为影视翻译企业输送合格的翻译人才,而影视翻译企业也可作为高校的实训实习基地,两者可以通过资源互补和共享实现共赢。习近平主席在中国文联十一大、中国作协十大开幕式上的讲话中强调:“希望广大文艺工作者用情用力讲好中国故事,向世界展现可信、可爱、可敬的中国形象。中国人民历来具有深厚的天下情怀,当代中国文艺要把目光投向世界、投向人类。”①文艺作品传播文化,影视作品是广大民众喜闻乐见的形式。目前,我国已经有多部影视作品被翻译成多种语言在世界各地播放,影视翻译人才的需求量不断扩大,而放眼全国,开设影视翻译相关专业、方向和课程的学校主要是中国传媒大学等少数高校,中南地区的高校几乎没有,因此,影视翻译人才缺口非常大,影视翻译专业和方向发展前景十分广阔。同时,党的十九大报告中明确指出要优先发展教育事业,推进教育和培训系统的完善,深化校企合作和产教融合。此外,国务院办公厅于2017年底出台了《关于深化产教融合的若干意见》(国办发〔2017〕95号),明确指出:“深化产教融合的主要目标是,逐步提高行业企业参与办学程度,健全多元化办学体制,全面推行校企协同育人,用10年左右时间,教育和产业统筹融合、良性互动的发展格局总体形成,需求导向的人才培养模式健全完善,人才教育供给与产业需求重大结构性矛盾基本解决,职业教育、高等教育对经济发展和产业升级的贡献显著增强。”②因此,走产教融合、校企合作的发展道路是培养符合市场需求的影视翻译人才的必要途径。

## 一、“产教融合”的概念及模式

“产教融合”的概念最初源于职业教育,指的是职业学校根据所设专业积极开办相关专业产业,在教学中与产业紧密联系,两者相互促进,把学校办成集人才培养、科学研究、科技服务为一体的产业性经营实体,形成学校与企业浑然一体的办学模式。③

① 习近平:在中国文联十一大、中国作协、十大开幕式上的讲话[EB/OL].(2021-12-14)[2022-08-30].http://www.gov.cn/xinwen/2021-12/14/Content_5660780.htm.

② http://www.gov.cn/zhence/Content/2017-12/19/content_5248564.htm.

③ 谢静思.产教融合背景下高职院校产业学院建设途径探析[J].大学,2021(12).

从概念的起源可以看出,产教融合从诞生之初就一直强调专业与产业的相互融合,两者相互作用,共同为人才培养服务。国外的产教融合模式大体有三种:第一,企业主导,即企业培训占主体,学校教学辅助;第二。校企并重,顾名思义,两者在人才培养、实训实践方面深度合作;第三,学校主导,这种模式与第一种模式相反,学校占据主导,注重学生综合能力的培养。①

## 二、影视翻译“产教融合”现状

“产教融合”中的“产”指产业,即产业部门或企业的生产活动,“教”指教育,即学校教育活动。两者的融合以校企合作为主要形式,以项目合作和技术开发为平台,产业部门或企业与学校互相配合,培养符合市场需求的人才。影视翻译的“产教融合”主要是以行业需求为导向,将影视翻译的课程体系、评价标准、培养模式与影视翻译行业相结合。目前,我国影视翻译的“产教融合”主要存在以下问题:

### (一)学校缺乏制度保障

一方面,影视翻译涉及大量知识产权、商业机密,企业出于安全角度考虑,往往不愿意将其业务拿出来与学校共享,因此学校方面往往得不到有价值的行业信息。另一方面,学校并没有相关的制度体系对教学行为予以强制性规范,因此,需要制定相应的制度来激励和保障。

### (二)“产”“教”合作缺乏深度

目前,我国成规模并且专门从事影视翻译的企业数量不多,这些企业与学校的合作多为校内讲座及提供部分实习和兼职机会,在人才培养目标的制定、课程设置、评价标准方面的合作较少,离影视翻译人才培养全过程融合还存在相当大的距离。

### (三)企业缺乏主动性

企业以营利为最终目的,而人才的培养需要一个循序渐进的过程,往往投入巨大,回报周期较长,大企业尚且很难承受,小企业更是望尘莫及。同时,某些企业出于生存紧迫感,更希望学生马上能为企业服务而忽略学生的实际,一旦达不到企业要求即终

① 刘立新.德国职业教育产教融合的经验及对我国的启示[J].中国职业技术教育,2015(30).

止合作。因此,校企合作“学校热”“企业冷”的现象普遍存在。①

(四)师资力量薄弱

目前,我国专门从事影视翻译的专家学者及教师相较于传统的翻译专业而言可谓“凤毛麟角”。从事该领域理论研究的仅有以中国传媒大学麻争旗教授为代表的少数专家,理论研究相对欠缺。教师大多来自传统的翻译专业,其教学更多依赖于课本和已有的知识经验。影视翻译“产教融合”首先要求教师除了有深厚的翻译理论基础外,还要有丰富的影视翻译经验,而目前影视翻译行业和影视翻译教学普遍存在“会译不会教”“会教不会译”的现象。“师资薄弱”在很大程度上制约了该行业人才的培养。

## 三、“产教融合”培养影视翻译人才的途径

(一)完善制度保障

国务院办公厅于2017年底出台的《关于深化产教融合的若干意见》(国办发〔2017〕95号)中明确指出:建立健全职业学校和高等学校理事会制度,鼓励引入行业企业、科研院所、社会组织等多方参与。推动学校优化内部治理,充分体现一线教学科研机构自主权,积极发展跨学科、跨专业教学和科研组织。② 因此,“产教融合”应该加快制度保障建设,让企业既愿意与学校合作,又无知识产权及商业机密考虑的后顾之忧,同时也让学校能够在专业建设方面有相应的制度来激励和保障。

(二)制定符合行业需求的培养目标

应用型本科院校培养的应用型人才需要有明确的定位,既要和研究型高校培养的学术型人才区分开来,也要和高职高专院校培养的技能型人才区分开来。与重点高校培养的学术型人才相比,应用型人才的培养重心在实践实操技能,而与技能型人才相比,应用型人才更强调专业的理论基础和突出的跨文化能力,有更扎实的后续发展可能性。在培养目标的制定上,学校可以和企业明确分工,学校重点培养学生的翻译理论以及跨文化能力,企业重点培养学生的实践能力,如影视翻译的片名、台词处理能力

---

① 王靖涵.“翻译工作坊”模式下的翻译专业课程改革与专业建设[J].智库时代,2019(3).

② 国务院关于深化产教融合的若干意见[EB/OL].(2017-12-19)[2022-05-26].http://education.news.cn/2017-12/19/c_129770131.html.

以及影视翻译项目的管理能力等。①

(三)改进课程体系

应用型本科院校应以适应企业和市场对影视翻译人才实践能力的要求为出发点，学校和企业可以共同商讨制定科学合理的课程体系。影视翻译的课程体系与其他专业基本一样，包含两大教学模块：理论教学和实践教学。在理论教学环节中，在不影响企业知识产权和商业机密的前提下，可以引入企业真实的影视翻译作品进行案例教学。同时开设企业普遍使用的翻译技术软件课程，如 Arctime、Aegisub、人人译视界等。另外，还可以鼓励校企合作编写影视翻译教材，开辟第二课堂训练学生的实践技能，并分配一定比例的学分。② 图 1 是武汉传媒学院英语专业影视翻译方向的课程体系：

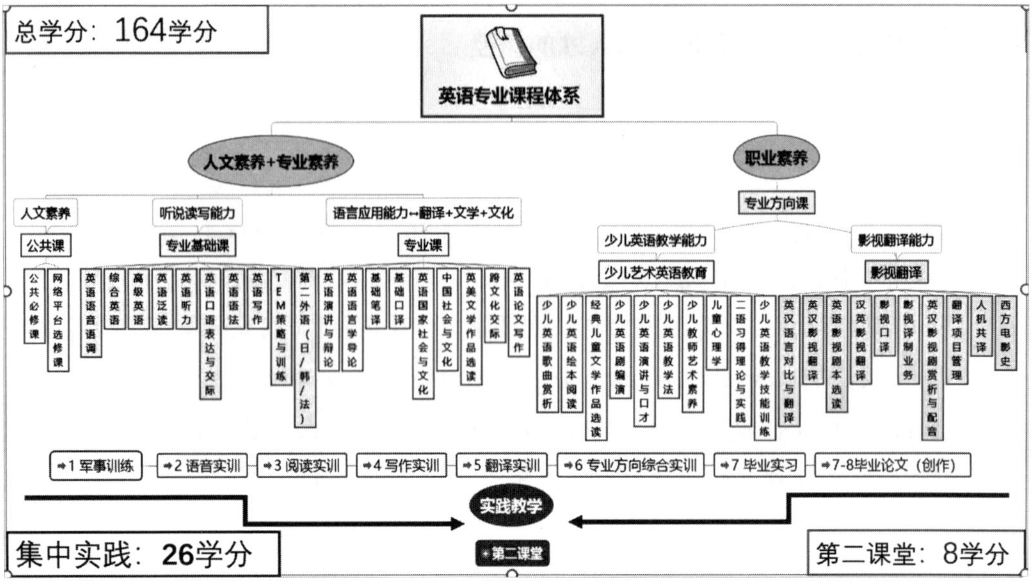


图 1

以上课程体系体现了“从做中学”的教学理念，安排了大量实践、实训课程以及相应的翻译技术类的课程，学生通过实践、实训及学习翻译技术类课程，能将理论与实际相结合，并能及时了解行业需求及要求。

① 柳友荣，项桂娥，王剑程. 应用型本科院校产教融合模式及其影响因素研究[J]. 中国高教研究，2015(5)：64－68.

② 沙鑫美，万轶. 试论应用型本科教育课程内容的选择[J]. 文化创新比较研究，2020(17)：43－44，149.

(四)制定评价标准

应用型本科高校培养的影视翻译人才要求掌握翻译理论、技巧和具备跨文化能力,还要懂得影视翻译行业标准。而目前影视翻译行业标准多为企业与客户双方制定,缺乏统一性,因此该行业既需要有一个可操作且统一的标准,又要求从业人员共同遵守这一标准。在评价标准方面,学校应该和企业合作,共同制定相关的影视翻译行业规范及标准,并将行业标准前移至学校,作为考核评价学生的重要指标,这样能让学生在掌握理论知识的基础上懂得影视翻译行业标准,更快地适应企业要求和行业要求,减少企业二次培训人才的成本。例如,字幕翻译对标点符号及大小写有着严格的要求,因此我们在相应的字幕制作课程中增加了该项目的评分标准。同时,应该改变评价标准唯考试考核论。学生参与企业影视翻译作品的翻译与制作可以适当抵扣学分,或者免修部分课程,从而激励学生更加主动地参与企业实践。

(五)打造应用型师资

与研究型高校不同,学术及理论创新并不是应用型本科高校教师的工作重心,在具备必要的学术及理论基础上,该类高校的教师应该更具备"市场敏感度"。首先,需要打造影视翻译"双师型"队伍。教授影视翻译相关课程的老师可以到合作企业接受职业技能培训,或以企业挂职等方式深入了解影视翻译企业的工作性质及市场对该领域人才的需求状况。另外,可以根据教学需要聘请适当比例、有一定丰富影视翻译经验的从业人员根据培养目标定期开展校内讲座或者兼职承担实践教学任务。在课程的课外实践教学环节部分,可实施"学校 + 企业"联动的双导师制。①

(六)合作建立翻译工作室(坊)

翻译工作室(坊)并不是一个新兴概念,正如李明和仲伟合(2010:34)所说:"作为一种教学方式,翻译工作坊为学生提供大量高强度翻译训练的平台,让学生通过'在翻译中学习翻译'、'在合作中学习翻译'、'在讨论中学习翻译'的方式,不断提高翻译能力和译者能力,并通过课内外的交互学习环境,去感悟、领会和把握翻译的真谛,为他们日后独立从事翻译活动、完成翻译项目、承接翻译任务打下基础。"②目前,国内较有代表性的是广东外语外贸大学的"新媒体译制与译写工作坊"。应用型高校可以和

① 朱敏,何莉. 高校翻译工作坊教学模式的路径探索[J]. 佳木斯职业学院学报,2020(2):177 - 178.

② 转引自:基于翻转课堂的翻译工作坊教学模式研究[EB/OL]. (2021 - 11 - 08)[2022 - 08 - 30]. http:www.docin.com/P_2844409658.html.

影视翻译相关企业合作建立翻译工作室(坊),与企业建立横向联系,引入真实影视翻译项目由企业、教师、学生三方合作共同完成,这样既能拓宽企业业务,亦能让学生得到锻炼。同时,值得注意的是,由于翻译工作室(坊)首先由教师与企业牵头,该模式也能为应用型高校培养更多洞悉影视翻译行业动态的师资。①

## 四、结语

"产教融合"对影视翻译人才的培养意义重大,它既是影视翻译企业获得影视翻译应用型人才资源的有效途径,也是应用型高校进一步转型发展的必经之路。但影视翻译的"产教融合"并非一蹴而就,其人才培养也非一朝一夕之事。在这一过程中,企业、学校、教师及学生需要共同努力,从而为该领域的健康发展提供有力保障。

(洪俊,武汉传媒学院人文与艺术学院副教授)

① 王请涵."翻译工作坊"模式下的翻译专业课程改革与专业建设[J].智库时代,2019(3):125－127.

# 大数据背景下数据新闻人才培养的问题与对策

## Problems and Countermeasures of Data Journalism Talent Training Under the Background of Big Data

◈ 马旻

Ma Min

**摘要:**随着大数据与新闻的紧密结合,各个行业都在寻求变化和更迭。从当下传媒行业的角度出发,各类型社交媒体和短视频平台的迅速普及,导致信息的传递与接收越发呈碎片化趋势,传统的新闻内容制作和表现方式已无法适应现在公众对于信息的接受和理解。因此,从"传统新闻"走向"数据新闻"的转型升级是未来新闻业发展的主要方向;新闻媒体对信息技术类型人才的需求量将会不断增加,但现实中我们不难发现,这与国内的数字新闻人才培养的步伐不相适应。本文结合国内高校新闻院系数据新闻课程及专业发展现状,从不同角度讨论我国高校新闻专业人才培养模式中存在的问题,并尝试提供一些相应的对策。

**Abstract:** With the close integration of big data and news, all industries are seeking change and change. From the perspective of the current media industry, the rapid popularization of various types of social media and short video platforms leads to the increasingly fragmented trend of information transmission and reception. The traditional production and expression of news content can no longer adapt to the public's acceptance and understanding of information. Therefore, the transformation and upgrading from "traditional journalism" to "data journalism" is the main direction of the development of journalism in the future; the demand of news media for information technology talents will continue to increase, but actually it is not difficult to find that this does not adapt to the pace of domestic digital news talent training. Combined with the current situation of data journalism curriculum and professional development of journalism departments in domestic colleges and universities, this paper discusses the problems in the training mode of journalism professionals in colleges and universities in China from different angles and tries to provide some corresponding countermeasures.

**关键词**：传统新闻；数据新闻；复合型人才；人才培养模式

**Keywords:** Traditional journalism, Data journalism, Inter-disciplinary talent, Talent training mode

数字技术为现代社会提供了新的知识生产与传播途径。数据新闻可以被解读为媒介在不断改变的资讯环境下进行调整和回应的过程，其中包含了更多的互动、多维度的报道，使读者可以探究新闻背后的源头，并积极参与到资讯的传播之中。数字革命给新闻行业带来的机遇与挑战并存。在这个资讯发达的年代，新闻工作者与公众都需要更好的工具，新的资讯发行平台也让所有人都可以用直接或间接的方式搜集和分享资料，并把零散的信息转化为资讯。在大数据时代，数据新闻的重要性日益凸显，因为它们能够提供具有背景且清晰的信息。[①] 但这并不代表当今的融合媒介没有起到决定性的作用，相反在这个时代，对大量的数据进行整理、验证、分析和总结，是前所未有的要求。

从新闻专业教学工作者的角度来看，数据新闻是未来新闻业的发展方向。事实上，数据新闻是一门涵盖多门学科的综合课程，其中包括了越来越多的讲述工具、技巧和方法的知识。其涵盖范围从传统的准确新闻到计算机辅助报告（利用数据作为"来源"），到最新的数据可视化和新闻应用。唯一不变的是一个共同的新闻目的：为我们提供重大事件的资讯和分析。"数据新闻"和"传统新闻"有一个很明显的区别，那就是它们使用的工具包不同，但都是以采访、报道和讲述为主要内容。以前，记者可以通过很多场合中与人聊天来获取信息，而今天，我们也许还会这么干，但是我们希望记者们可以利用自己的工具来分析和归纳一些有意思的东西，并且从他们的角度来理解这些信息的结合和社会中的变化。当然这里的工具指的不是传统的纸和笔，而是各种数据获取和可视化的软件技术。

当然，我们不能将传统新闻与数据新闻这两者割裂开来，数据新闻是传统新闻教育的发展和延伸。作为新闻院系专业的学生，不仅要学习传统新闻采编技能，更要掌握数据获取及可视化软件工具，为将来新闻实践中的转型升级做好充分准备。

## 一、国内数据新闻教育及行业机构现状

### （一）专业学科建设尚在探索中

国内数据新闻的发展，最早是由业内主导学界的模式。首先，有关的数据新闻课

① 方洁，颜冬. 全球视野下的"数据新闻"：理念与实践[J]. 国际新闻界，2013，35(6)：11.

程由多家资讯机构公司发起;随后,国内大学的新闻数据教育也迅速跟进。中国传媒大学于2015年开办了第一个数据新闻专业,紧接着全国范围内各大高校均开设了相应的课程,为我国数据新闻人才的培养开创了一条新道路。①

香港浸会大学于2019年推出了人工智能与数码媒体硕士专业课程,该课程旨在为学生提供最新的人工智能与媒体传播技术。课程主要教导学生寻找资讯,引导学生掌握电脑辅助报道的基本技巧,培养学生对数据的认识,报道及制作新闻。目的在于让学生熟练掌握数据驱动的研究和编辑决策,并能利用数据媒体和沟通技巧,为新闻机构和产业提供分析与解决方案。

可以看到,我国高校对“数据新闻”课程仍处于不断的摸索之中,虽然全国各大高校陆续开设了数据新闻相关课程,但业界对于“数据新闻”人才的需求仍然是非常巨大的。目前,大部分高校新闻院系开设的与数据新闻相关的课程,涵盖了数据采集原理、网页信息抓取、可视化技术等,例如武汉传媒学院开设的“数据搜集原理”、“Web前端开发”和“数据新闻与信息可视化”等课程。从近几年大学教材的出版情况来看,国内学者开始出版数据新闻相关的教材,例如方洁的《数据新闻概论》和吴小坤的《数据新闻理论与实践》等,但是整体教科书的数量和种类较少;相比之下,西方国家走在了前列,在早期已经出版了《数据新闻手册》和《精确新闻报道》等相关的新闻教材。

### (二)数据新闻团队机构发展存在限制

目前,国内新闻网站中发展得较好的数据新闻栏目有很多,如网易的《数独》、搜狐网的《数字之道》和新华网的《数据新闻》等,但如果仔细浏览,就会发现这些数据新闻栏目的数据量都较少,数据来源也较为单一,最后的新闻总结不够深入。这主要是因为数据新闻目前在国内仍处于发展早期,我们所熟知的新闻机构大都采用“双线并行”的制作模式,既要处理日常的新闻,也要承担长期数据新闻的选题和制作。对于国内大多数中小型新闻网站或机构而言,数据新闻团队的发展显得尤为艰难,导致许多小型数据新闻机构将制作数据新闻中数据采集挖掘及数据可视化的部分外包给专门的数据分析公司。

来自德国Hans-Bredow媒体研究中心的学者Wiebke Loosen和Julius Reimer以及汉堡大学的Fenja de Silva-Schmidt在一篇论文中分析了2013至2016年间的225个数据新闻奖提名作品,研究发现,传统报纸如《纽约时报》《华尔街日报》《英国卫报》等,这些大型国际新闻机构依旧是数据新闻提名和获奖的主体。另外也有来自其他地区

① 赵红香.我国数据新闻人才培养的路径探索[J].传媒,2019(10):3.

的小型新闻机构(如 ProPublica 这样的非营利新闻机构、杂志、网媒、校园媒体及其他类型作者)的作品,但是由于日常运作缺乏资金支持,团队缺乏数据挖掘、信息可视化类型的人才,这些机构获得提名的作品占比较小。

于是在 2017 年国际数据新闻大赛上,评委会宣布做出一些改变,新增"小型新闻编辑室"和"在校大学生与青年数据新闻工作者"这两个获奖类别,目的就是为了鼓励大学生、研究生及年轻的记者参与到数据新闻的制作与推动中来。可以看出,信息数据正在逐步走向理性、走向成熟。总体来说,当前制约我国数据新闻发展的三大瓶颈是时间、资金和人才。今后的数据新闻必须从三个方面进行突破:时效性、机构轻量化和人员年轻化。①

## 二、国内数据新闻教育面临的问题

传统新闻制作涉及五大环节"采、编、播、管、存",这是以前的新闻从业者多年形成的工作思维定式和习惯。随着网络技术给新闻制作流程带来的冲击,传统的新闻从业人员因无法迅速适应而不得不转型。因此,数据新闻的发展和普及必然是在大学新闻专业的本科生和研究生中进行,数据新闻的改革也将以他们为主导。② 面对公众日新月异的新闻需求,我国高校新闻专业的教学方法和教学理念也要做出相应的调整与改变。

西方许多高校在教授数据新闻课程之前,就开设了"精确新闻""电脑新闻"等课程,并将"基础数学""统计学""概率学"等作为数据新闻教育的必修课。③ 我国的数据新闻教育更多的是以社会科学为导向,数学、统计学、概率等课程的教学内容基本不包含在课程体系中,这导致数据新闻课程难以顺利实施,而在数据新闻的生产过程中,要求记者必须具有良好的计算机、数学、统计学的知识和严谨的思维。

随着数据新闻实践的深入开展,高校对于数据新闻的教育也在逐步深入。对于高校而言,新闻传播教育正处于关键的转型期,原本传统、单一的新闻学专业人才培养模式已经不能满足现阶段全媒体业态下新闻专业毕业生的要求。如果仍继续沿用过去的新闻专业教学理念,则不得不面对类似教学理念滞后、师资结构较为单薄等一系列问题,这些都是高校新闻教育工作者在自我反思中必须要解决的问题。

---

① 镝数聚. 从 2012 到 2018,全球数据新闻奖获奖作品揭示数据新闻"路在何方"[EB/OL]. (2018-06-05)[2022.05.26]. https://mp.weixin.qq.com/s/F6mdJaObGtwaif5IPAi-Zg.

② 郑静. 大数据模式下新闻传播人才培养研究[J]. 西部广播电视,2020(9):2.

③ 许向东. 对中美数据新闻人才培养模式的比较与思考[J]. 国际新闻界,2016,38(10):11.

## （一）新闻复合型人才的培养难度较大

长期以来，新闻与传播专业招生主要以文科和艺术类的学生为主，专业的设置也大都以社会科学为导向，而在当今传媒一体化的背景下，新闻业对跨学科背景和专业背景的人才的需求也随之增长。对传统新闻的采、编、评等能力的培养，对计算机编程语言、可视化图形的设计都有一定的要求。就拿“数据新闻”这门课程来说，可能涵盖一些基本的 R 语言、Python、H5 等计算机技术，虽然有一定的难度，但这些都是数据新闻实际工作环境中经常会用到的一些东西。

## （二）新闻课程体系设置尚需完善

就目前而言，数据新闻教育还处于摸索阶段，没有形成一套完整的教学体系，仍需进一步完善。比较明显的一点是，国内大多数高校开展融媒体教学时，仅在传统新闻理论课程的基础上扩展了一些计算机和数理统计课程，而不是真正意义上的数据与新闻的结合①，并且到目前为止，在教材方面仍未有关于数据新闻的系列丛书出版。

许多大学仅开设了一两门与数据新闻有关的课程，这也是目前一些高校对数据新闻教育的认识不足和定位不明确所导致的。事实上，数据新闻涉及新闻学、电脑科学等多个领域，就算是制作基础的数据新闻，也要开设可视化课程，并提供多样化的教学工具，例如网页制作、数据爬虫、问卷调查、可视化图表，等等，这些都不是一朝一夕就能学会的。而部分高校新闻教师缺乏数据新闻行业的教学理念与实战经验，只能在课堂传授一些基本的数据新闻知识，不能有效地检测学生的学习成果，这也会导致学生在走出校园进入新闻媒体岗位后没有办法迅速融入实际工作中。

## （三）数据新闻师资团队建设有待提升

首先，数据新闻对新闻工作者的素质要求很高，必须具有新闻专业知识、计算机数据挖掘、统计分析、数字化显示等方面的基本能力，这就要求大学里从事数据新闻教学的教师也必须具有这样的能力。但是在国内新闻院校中，同时拥有编程、统计、新闻等专业背景的老师是十分稀缺的。教师的专业背景、工作经验对信息类新闻课程的教学内容构成有很大的影响。②

---

① 金梅珍，丁迈. 我国数据新闻教育的困境与对策[J]. 现代传播，2016，38(3)：157－158.

② 郑静. 大数据模式下新闻传播人才培养研究[J]. 西部广播电视，2020(9)：2.

其次,有些高校新闻专业的教学人员没有数据新闻行业的工作经验,缺乏实战经验丰富的教师,这也导致学生对于新闻业界最新的前沿资讯没有充分认识了解。虽然很多教师在学界拥有较为丰富的传统新闻教学和实践经验,但是这对于制作数据新闻来说则远远不够。在人工智能背景下,数据爬虫与采集、信息可视化等课程需要教师掌握一定的计算机理论知识,所以就带来一个问题:假如是由教信息技术的教师授课,过往没有新闻传播相关知识的积累,仅仅通过短时间的学习,则很难掌握新闻传播的核心知识框架;如果是由新闻专业的教师授课,在"数据收集""数据挖掘"等相关课程上,则容易出现教学效果不佳等问题,导致学生最后的学习成果不显著。即便是聘请新闻行业内有一定实务经验的专业人士授课,也难以形成稳定、系统的教学协作模式。

因此,国内一些大学的数据新闻专业采取了由多位教师共同授课的方法,将数据新闻的内容分为三部分:新闻选题与策划、数据收集与挖掘、数据可视化,分学期依次展开教学,要求教师之间相互配合、无缝衔接,形成系统的教学体系。

## 三、高校数据新闻人才培养模式及策略

### (一)跨学科跨背景的人才招募方式改革

目前,我国大学新闻与传播专业的大学生大都是以文科和艺术类学生为主体,缺少科学、工程、技术等方面的基础知识。而在今后的新闻行业中,最缺少的就是这种复合型的新闻人才。数据新闻的课程又正好涵盖了新闻社会学、数据科学基础、编程设计与人工智能等多个领域,新闻工作者既要掌握传统的写作、排版、图片处理等技术,又要掌握数据采集、数据处理分析、数据可视化的能力。因此,大学生除了要掌握传统的新闻采编技术,还必须掌握一定的统计、编程、可视化等相关方面的知识。①

当前国内一些大学已经在新闻类专业的研究生课程和招生方面进行了改革与尝试,接收理科与商科等不同学科背景的学生,共同探讨数据新闻的发展前景。因此,在新闻专业教学中,构建跨专业、跨学科的协作教育是必要的;在新闻专业招生中,也可以试着突破以往以文史类学生为主的传统新闻专业招生模式,吸纳各学科的学生广泛参与,促进数据新闻传播的多元化发展。

① 陈媛媛.数字化背景下跨学科培养数据新闻人才的途径探索[J].新闻知识,2017(5):3.

（二）更新传统新闻教育理论，完善课程体系建设

“不可否认，数据新闻在这个时代已经成为新闻挖掘和叙事方式的主流。收集数据、分析数据、处理数据等一系列流程使得传统的新闻呈现方式产生巨大的变化，数据型新闻人才的需求量与日俱增。新闻业态的变化倒逼新闻传播理念变革，国内高校新闻传播系的教育理念和人才培养理念也应该紧跟时代步伐，为培养复合型、创新型新闻传播人才作出调整和变革。”①然而，当前我国的数据新闻课程体系的构建还不够完善，究竟哪些课程属于数据新闻专业的必修课程，这些必修课程要按照学生的接受程度，由浅入深合理安排。

作为高校教育机构，要把不同专业背景下学生需要掌握的专业知识整合到课程中，使专业课程结构合理；同时，作为高校教师，应适时地对当前的教育现状进行分析，并提出相应的指导方针，以使其更好地适应现实需要。

（三）强化校企合作，增加学生实践环节

从目前国内的新闻现状来看，行业的数据报道实践相比学界新闻教育已处于领先地位。与“传统新闻”的发展实践类似，数据新闻的发展也需要实践与理论的融合，缺乏新闻行业的实践经验，势必会造成数据新闻人才的培养出现重大的问题。

首先，高校新闻院系要把握好这个契机，加强与新媒体企业、转型后的数字媒体深度交流与合作，鼓励这些企业提供更多实习岗位给学生，借此机会多锻炼学生制作数据新闻的能力；“高校可以依托校内平台如校电视台、校报等，给学生搭建数据新闻实践平台，积极营造学生参与为主、教师指导为辅的实践环境。高校还可以积极拓展契合学生实践的校外媒体实践基地，切实让学生参与数据新闻生产各个环节”②；最后也是很重要的一点，国内优秀的新闻媒体也要主动与新闻院校寻求更深入的合作，新闻学院可以邀请新闻业界内部出色的数据编辑、数据记者、数据分析师、可视化设计师来分享行业内最新资讯给学生，进行一些相关的指导，以增强学生的实践能力。

## 四、结语

随着大数据的发展和人工智能在社会生活中的普及，新闻报道的形式也发生了明

① 郑静. 大数据模式下新闻传播人才培养研究[J]. 西部广播电视，2020(9)：2.

② 金梅珍，丁迈. 我国数据新闻教育的困境与对策[J]. 现代传播，2016，38(3)：157－158.

显的改变。在从“信息传播”走向“知识传播”的道路上,国内各高校新闻院系都在积极探索符合自身特点的数字新闻教育。作为应用型高校,我们更要努力培育更多的青年新闻专业人才,推动我国新闻事业的发展。同时,我们也要清醒地认识到,我国的数据新闻发展和高校新闻人才的培养与发达国家相比仍略显滞后,因此,我们要根据当前社会发展的形势,结合新闻学界和业界的实际情况,因地制宜地找到一种具有中国特色的数据新闻人才培养模式。

(马旻,武汉传媒学院新闻传播学院教师)

# 教学改革

# “电视采访”课程虚拟仿真实验教学项目的建设探索

**Exploration on the Construction of *TV Interview* Virtual Simulation Architecture Experimental Teaching Project**

◎ 赵倩
Zhao Qian

**摘要:**现场采访是“电视采访”课程中的重要组成部分。传统的采访课程教学通过课堂模拟情景进行实训,而不能真正实现实地实景采访训练。本文探讨了如何通过虚拟仿真架构的虚拟采访场景,把学生带入教师设定的真实新闻现场去做采访实践,培养学生对电视新闻采访实践操作的真实感受。通过推进虚拟仿真实验教学方法在“电视采访”实验教学中的具体应用,培养应用型的新闻传播人才。

**Abstract:** Spot interview is an important part of TV interview course. The traditional interview teaching can' t really satisfy the real scene interview training by training in the classroom simulation scenario. This paper discusses how to bring students into the real news scene set by teachers through the virtual interview scene of virtual simulation architecture, so as to cultivate students' real feelings about the practical operation of TV news interview. By promoting the specific application of virtual simulation experiment teaching method in the experimental teaching of TV interview, we can cultivate application-oriented journalism talents.

**关键词:**虚拟仿真;电视采访;沉浸式教学

**Keywords:** Virtual simulation, Television interview, Immersive teaching

随着全媒体时代的到来,新的传播现状对高校培育的新闻传播类专业人才提出了更高的要求。根据《教育部关于开展国家虚拟仿真实验教学项目建设工作的通知》(教高函〔2018〕5 号),各省级教育行政部门和高等学校纷纷加强对虚拟仿真实验教学项目的建设力度,通过科技和技术的力量,全方位提高实践教学水平。[①] 在此背景下,作为新兴技术的虚拟仿真技术开始走进教育领域,尤其是需要深入现场的新闻传播类学科,也在充分利用该项技术加强课程的教学改革力度,创建了新闻传播实践教学的新方法。

## 一、虚拟仿真技术在新闻传播教学实践中的必要性

虚拟仿真技术主要是指用一个系统模仿另一个真实系统的技术,它实际上是一种可创建和体验虚拟世界的计算机系统。[②]它通过技术设计,可以模仿一个真实的系统,而这一方式正好可以用来规避传统课堂教学过程中真实情境缺失的弊端。因此,将虚拟仿真技术应用到新闻传播课程的实践教学过程,能够通过技术为新闻传播学院的师生提供类真实的教学案例,强化了实践教学的真实性。[③]

虚拟仿真技术应用于新闻传播类课程是融媒体时代新闻传播教学的必然要求。新闻传播类课程需要学生沉浸在多个新闻事件的现场。而传统的课堂情景模拟式的教学方式无法在短时间内让学生了解到新闻的全部信息,无法实地感受到新闻发生的真实环境以及新闻的现场情况,进而导致学生在理解新闻教学内容上出现困难,所有的新闻现场场景全凭想象,或者结合教师给出的已有视频、音频等进行猜测,模拟新闻记者进行学习。这样的教学无法让学生在新闻采访报道中得到锻炼,深入不了现场也无法在真实的新闻环境中完成实践。[④]

在涉及重大主题的电视新闻报道中,由于选题角度多、主题宏大、不确定因素多,而新闻专业的学生能够深入新闻现场进行采访报道的机会不多,面对不同的新闻人物,学生采访起来困难大,现场报道难度高。因此,在课堂教学中,学生的现场采访表现往往不尽如人意。

而虚拟仿真实验教学的出现则打破了这一困境,该技术与新闻传播类学科教学有机结合,能为师生营造一种沉浸式的教学体验,有助于学生深入新闻现场前,以较低成本为他们提供新闻主题采访训练的机会;有助于引导学生熟悉、掌握党和国家的政策体系,提高学生的新闻采访与写作能力。

---

①② 王超群.虚拟仿真技术在高校新闻传播学教育领域的运用[J].教育传媒研究,2020(1):85-89.

③ 邹顺宏.融合时代高校新闻业务课如何开展虚拟仿真实训[J].传媒,2020(8):81-83.

④ 马粉英,李志强.沉浸式新闻报道的短板与发展对策[J].传媒,2021(8):52-54.

## 二、“电视采访”课程虚拟仿真教学的前期设计

“电视采访”是新闻传播类学科中广播电视学专业的核心课程，是一门实操性较强的课程，其目的是培养和训练学生在实际的新闻事件发生现场进行采访提问的能力。传统的“电视采访”课程教学，以课本中列出的新闻案例为基础，结合教师营造的新闻现场，通过情景再现、角色扮演的方式进行实操训练。但是这样并不能完全再现新闻现场，教学只能借助于想象来实现。而虚拟仿真实验通过“沉浸式”教学改进教学实践内容，能够搭建一个真实的新闻主题报道平台，构筑一个让师生都沉浸其中的教学生态环境，有助于促进这门课程教学内容以及教学方式的改革，是新闻传播实操类课程改革的有益尝试。

### （一）“电视采访”虚拟仿真实验方案设计思路

该实验项目运用虚拟仿真技术，将具体的新闻事件或主题进行情景再现，以“沉浸式”案例教学，为学生提供真实的学习平台。

“线上虚拟仿真+线下理论教学”相结合的模式，不仅可以提高学生的参与积极性，使学生真正理解电视新闻采访的意义，同时能够开阔学生的眼界，进一步提升学生的新闻敏感性以及搜集资料的能力、设置问题的能力和采访提问的能力。

本实验项目需要设立紧贴时代的新闻主题，结合地方的新闻宣传特色和应用型高校人才培养的办学定位，充分遵循新闻传播教学的特点，采取线上与线下相结合的教学模式，“真实+虚拟”的项目设置，培养新闻专业学生的理论运用能力和实践能力。在教学方法上，通过线上操作、线下学习，实现“沉浸式”新闻教学。

### （二）“电视采访”虚拟仿真实验教学方法

#### 1. 沉浸式角色扮演法

学生通过新闻记者的角色扮演来进行新闻采访的双向互动，与新闻人物和新闻场景均有深度的互动。这种方法能很好地调动学生学习的积极性，使其充分投入新闻现场。

#### 2. 真实项目驱动法

学生围绕教师设定的“乡村振兴”的虚拟仿真项目，在互联网上搜索与“乡村振兴”主题相关的虚拟新闻事件现场，进行观察体验式采访，完成新闻采访的全过程。

3. 线上线下互动式教学方法

该项目采取“线上 + 线下”的教学模式,学生不仅可以将课堂上学习的理论知识运用到新闻实践中,同时获得的“沉浸式”体验也可以反哺教学,增强学生的理论知识水平和现场采访报道能力。

## 三、“电视采访”虚拟仿真教学方法的实施过程

虚拟仿真实验项目采用“虚拟 + 实物”模拟具体的新闻事件、真实的环境和真实的新闻人物,构建“沉浸式”虚拟仿真实验新闻教学体系。

将虚拟仿真实验用于“电视采访”这门课程的教学时,既要进行课堂内课程的理论教学,也要进行虚拟仿真实验的体验式模拟实操训练。以下为围绕“乡村振兴中的头等大事——粮食安全”的现场采访进行设计,具体过程如下:

1. 教师根据“乡村振兴”的新闻主题布置与粮食安全相关的采访任务,模拟设计线下的采访步骤。在此期间,按照顺序演示“粮食安全”相关电视新闻的采访过程:首先建立一个空置的粮食春耕的田野现场模型,在此基础上,按照指定步骤,完成一次完整的田野报道过程。

2. 师生进入设定的实验虚拟场景,学生接受教师安排的采访任务,进行采访准备,整理采访素材。

3. 在虚拟新闻现场采访策划、设置采访内容。该步骤要求按照粮食安全报道规范和融合报道要求进行,演示一次完整的春耕现场融合报道。

4. 进行新闻现场的采访、提问,录制采访视频。

5. 制作、剪辑、包装新闻采访视频,将新闻采访获得的文稿、现场解说、图片和视频,以融合的形式在媒体上展示出来。

6. 撰写新闻稿件和实验报告。

7. 学生互评、教师评价。

8. 反馈实验教学效果。在学院的微信公众号上发布调查问卷,获得反馈结果。

## 四、“电视采访”虚拟仿真教学方法的评价与总结

“电视采访”课程的虚拟仿真项目,从多层面进行考核。实验结果由新闻素材搜集、采访准备、采访过程和成片等多部分构成,主要考核学生的前期准备是否充分,新

闻采访的问题设置是否合理,最后成片是否完备,是否符合新闻媒体宣传要求。该考核能够对学生的整个实验过程进行记录,对参加实验的学生各方面的建议、评价与反馈信息,进行全面系统的统计分析。

通过虚拟仿真实验对采访过程进行总结:评价学生在虚拟仿真采访现场选择的着装是否合适;是否事先和采访对象进行沟通,确定好行程;是否设定好相关的采访对象(要能体现此次采访的核心目的,找到核心新闻当事人);是否重点设计好问题(注意问题的适用性);针对被采访对象的提问,注意问题的开放度,避免问过于空泛的问题,在提问中也需要对采访对象的回答从表情上给予引导和鼓励;是否注意画面的拍摄,为新闻最后的成片摄取各种镜头,补充好画面,做到声画对位;是否注意新闻稿件的撰写应体现事实,注意专业性和通俗易懂的语言表达;是否注意融媒体平台的素材补充,对于趣味性或有画面感的新闻可放在相关的融媒体平台进行播放。

## 五、“电视采访”虚拟仿真教学效果分析

### (一)专业素养效果

教师和学生能够深入理解新闻现场,获得身临其境的感受;面对新闻现场,理解新闻工作者的使命担当,明白新闻人应有的社会责任,真实报道事件,讲好中国故事。

### (二)专业技能效果

该实验项目通过真实场景虚拟再现,可以使学生掌握“乡村振兴”这一重大主题宣传采访报道的技巧和方法,提高学生的新闻采访能力。

### (三)专业实践效果

通过构建虚拟仿真实验项目,为学生搭建媒体实践教学平台。

## 结语

新闻案例具有随机性、突变性、不可重现的特点。传统的教学模式已经不能满足新闻采访的现场要求,无法实现场景再现。部分学生尽管能参与真实的采访报道,但无法跟踪整个过程。

本课程采用虚拟仿真的实验方式,形象、生动、直观地再现了真实的新闻采访现场,不仅弥补了传统新闻教学模式的不足,同时也提升了学生的基本技能和实践能力。该实验项目建构了一种新型的学习和实践模式,将促进新兴技术与实践教学的深度融合,推动新闻实践类课程教学理念和教学形式的变革。

(赵倩,武汉传媒学院新闻传播学院副教授)

# OBE 教学法在应用型高校影视配音类课程中的实践

**Practice of OBE Concept in Dubbing Courses in Application Type Universities**

◈ 程骥

Cheng Ji

**摘要:**当前,融媒体环境下的有声语言艺术人才普遍享受着“声音变现”的红利。由于应用型高校的影视配音类课程存在起步较晚、适配性低等问题,需要有一种更具有持续性、更为精准化的教育模式来提升人才培养效率,以适应逐渐兴起的影视配音市场风潮。本文引入有着“学生中心”“产出导向”“持续改进”三大核心要素的 OBE 教育理念,结合当下社会亟需的配音人才标准,对 OBE 在配音课程中的实际应用进行探究,旨在总结教学经验、为配音人才培养提供新思路。

**Abstract:** Currently, verbal language art talents generally was enjoying the use of the dividend of Voice to Liquidate in the Convergence Media environment. Due to the problems of late start and low adaptability of film and television dubbing courses in application-oriented universities, a more sustainable and accurate educating mode is needed to improve the efficiency of personnel training, so as to adapt to the rising trend of film and television dubbing market. This paper introduces the Outcome Based Education (OBE) concept with three core elements of “student-centered”, “output oriented” and “continuous improvement”, and explores the practical application of OBE in the dubbing curriculum in combination with the dubbing talent standard urgently needed by the society, in order to summarize the teaching experience and provide new ideas for the cultivation of dubbing talents.

**关键词:**成果导向;应用型高校;影视配音

**Keywords:** Achievement oriented, Application-oriented college, Film and television dubbing

OBE(Outcome Based Education)是20世纪90年代逐渐兴起的一种教育模式,可译为“成果导向教育”“基于成果教育”,学生学习成果(Student Learning Outcomes,SLOs)是其最终目标。OBE强调学生在阶段性学习后所能达到的最终能力。中国教育部早在2018年就提出,大学教育要有效“增负”,要持续推进淘汰“水课”、打造“金课”,坚持“两性一度”(即高阶性、创新性、挑战度)。该教育理念对课程教学模式作出“以生为本,成果产出”的重构,强调学习存在成功的必然性,注重个性化的学习方法,将绩效责任的承担者从学习者转换为教育者。

影视配音类课程作为应用型高校中实践性较强的一门课程,当前在国内各高校中普遍起步较晚,许多高校较少考虑“播音与主持艺术专业”与“影视配音”的适配性,因此存在课程定位宽泛、教学内容冗杂、重难点不清晰的问题。同时,许多播音与主持艺术专业出身的教师缺少行业经验,这也导致配音课程教学与社会实践脱节,学生难以真正提升配音技能,更难以配音为职业发展方向。因此,OBE理念下的配音类课程应考虑到当前配音人才培养所存在的问题而实施教学。

## 一、教学模式重构的发生情境

影视配音近年来在“互联网+”的新时代中迎来了新的机遇。尤其在网络配音领域,广阔的就业前景给应用型高校,特别是播音与主持艺术专业的学生创造了大量的就业机会。根据易观分析发布的“2022年中国音频行业产品洞察分析”,如今中国的在线音频市场规模呈持续增长态势,预计2021年达到394.8亿元,“声音经济”驱动音频行业用户规模持续上升至顶峰,“声音用户”也形成了多场景消费习惯,从而促使各声音平台持续产出高质量的声音产品并致力于完成从“产品”到“品牌”的转化。①

反观当前时代背景下,应用型高校人才培养仍处在上升期,学生综合素质、创新精神以及创业能力的培养还处于探索阶段,致使配音类课程教学的成功经验较少,甚少将目光放至持续火爆的音频产业。随着全球化语境的到来,配音行业对高素质复合型人才要求日渐严苛,媒体、企业不仅要求传媒从业者具有深厚的专业功底,还要求具备较高的综合性专业素养,以及对全媒体平台的适应能力。仅从播音与主持艺术专业的培养现状来看,较少课程能够真正做到应用OBE教学理念,缺乏对课程知识点“去糟留精”,缺少精细化导向或科教融合的教学设计。

① https://www.thepaper.cn/news Detail_forward_17357604.

## 二、 以成果为导向的配音类课程目标重构

基于知识水平、能力水平、个性特征三个维度所做的学情分析显示:在知识水平方面,学生对当前影视配音的了解比较浅层或片面,认为配音的实际应用存在机会少、难度大等问题,或者并未了解到媒体环境变革下配音已开始由以往的“声画艺术”逐渐向“移动音频”转变的现状。同时,学生对配音艺术的基础理论知识、概念认知不够清晰,对各类有声语言表达的辨析较为混乱;而在能力水平方面,较少学生具备将不同课程知识统整和触类旁通的能力,在朗诵、主持、播音等不同场景下的语言表达技巧混同,在声音的多样化表达上存在障碍;另外,在个性特征方面,学生偏向于合作学习、场景教学等创新课堂模式,但在后期技术、审美情趣、广义备稿等方面各有欠缺,与市场接轨更是少之又少。因此,配音类课程的教学目标应该被重新定义为:

第一,能够重述配音艺术及有声语言表达的概念,列举配音语态类型,重述影视文学艺术“有声化”创作路径。学生除了应掌握影视人物配音艺术和影视解说艺术的基本概念之外,要认识到移动音频端也是配音艺术的另一种体现场景,传统的配音是“声配画”的视听结合,而新语境下的配音则是“配合场景”“配合形象”“配合音效”的新型演播艺术。因此,学生需要重新定义配音在“纯听觉”感受下的要求和标准。学生不再将就业方向着眼于“圈子较小”的影视剧配音,而是将眼光放至对风格化、个性化、时尚化等包容性更强的新媒体领域,广播剧配音、有声小说、儿童绘本等音频市场就业前景广阔。

第二,运用声音造型技巧塑造情感和场景,能够依托声音还原影像画面、文字形象主体特征,完成编、创、配、制全流程配音作品生产。学生以有声语言表达为中心,从以往的中期参与者转变为前期、后期的参与执行者,产出高质量作品投放市场。在 OBE 理念下培养的配音人才,能成为适应融媒体生态环境的“多面手”,在教师与社会专业团队的协同教育下,成为“一专多能”的新型媒体人。

第三,理解有声语言教育中的“思政育人”,契合新媒体行业多元化语言创作审美标准,变现声音价值,以弘扬新时代文化、服务社会。学生可将创作元素着眼于“红色经典”“传统文化”“经典文学”“生活常识”等领域,融道于艺。如学生在教师的指导下,结合中国共产党成立 100 周年的时代背景,协同企业、媒体创作红色广播剧;更有师生结合现行“双减”政策及教学实践基地,将有声语言艺术带入中小学课余学堂。

## 三、 配音类课程成果产出的实施原则

配音类课程实施OBE教学法,可一改过去教师“知识搬运工”的角色,而使其参与到学生自学的全部环节中,成为“引导者”、“指导者”和“监督者”。学生所吸取的不再是教师“有限”的知识,而是在广阔的知识海洋中攫取自己需要的内容。教学成果不再是最重要的一环,它用以展示、评价;更重要的是学生自学的过程,以及在实践过程中所增长的知识和技能。从而,学生的学习目标更具有“多重性”,他们的目标不再是“成为一名优秀的配音演员”,而是“在完成配音作品的过程中承担任务”。以成果为导向的配音实践教学内容建设,使学生在学习课程前就了解明确的技能指标点和预期达成效果,教师则是真正践行“以学生为中心”,根据学生学习过程中的表现予以指导、协助,最终达成课程目标。

### (一)课程单元整合

配音类课程教师合理配置实践教学环节,以技术应用能力培养为主体①,按项目实施的整体流程分为准备阶段、启动阶段、执行阶段以及总结阶段,以对应实践教学具体内容,将“项目制”目标和任务具体展现在各类创作内容中。如在“配音作品创作”课程中,将课程成果“完成一档规定主题的广播剧”前置,主张先练后讲、先学后教,强调学生在任务驱使作用下通过各类途径自学理论知识,并在课下自主研究、探索、创造。

如在准备阶段,学生需要学习配音项目全流程中的各类理论知识,如文案创意、配音演员、后期混音等,其后学生按掌握程度进行“差异化分组”,各领域擅长者“强强联合”,以避免因为知识短板而影响成果质量。成果导向的配音课程知识体系,不再有传统课程体系中界限清晰的课程单元,“只见树木,不见森林”,只强调专业领域内的配音技能,而是系统化、学科化地进行整合,进而使学生在学科领域内全面发展。

### (二)教师角色转换

当今的教育理念强调“以学生为中心”,教师若还以传统教学模式来单方面决定课程内容,那么教师依然处于“主导地位”,学生也依然是知识的被动接收者,缺乏学

---

① 胡剑锋,马红坤,徐衡.民办本科院校应用型创新创业人才培养的探索与实践:以江西科技学院为例[M].南昌:江西人民出版社,2016.

习上的主观能动性和积极性。然而，日渐发达的科技手段使学生随时随地能获取知识，甚至学生的自学内容可以轻易超越教师所掌握的知识，这种“填鸭式”教学逐渐难以达到理想的教学效果。因此，教师应改变过去单纯灌输的教学方式，通过适当的示范引导，加之分析、诊断、评价，建设性地提出方法，使学生进步、成长、反思。

如今，发达的网络科技使学生足不出户就可以参与各类配音培训，甚至通过参与成熟的配音项目而早早成为“从业者”，这一类学生对于知识的需求不再停留在基础配音理论，他们更渴求教师能针对性地给出如何提高的建议。在此情景下，课程中更为强调教师“指导者”的身份，教师不仅需要进行理论性讲授，更要注重“话筒前实操”，给学生提供具有示范意义的行业作品。

### （三）学生自主学习

调查显示，高校播音与主持艺术专业学生的自我管理、自我监督、自我教育能力有待提高。播音与主持艺术作为主修配音课程的艺术类专业，大多数学生的形象思维能力较强，擅长在实践中学习历练、总结经验，而面对相对枯燥的理论知识，往往“望而却步”。成果导向的课堂正是倡导学生自主学习、合作学习、探究学习，让学生在学习过程中获得更多的“决定权”，选择适合自己的学习内容和学习方式。在配音课程学习中，部分学生更喜欢通过观看学习各类配音创意视频、配音真人秀来激发兴趣；而有些学生由于基本功问题，难以胜任主要配音角色，更希望在前期或后期工作中体现价值。OBE 教学法正是基于尊重每一类学生的学习习惯，最终使“弱者变强，强者更强”。同时，学生在小组合作中，了解并参与配音作品创作的全过程，培养了自发学习、团队协作、反思改进的学习能力。

## 四、结合当前需求的反向教学设计

OBE 教学法中的反向设计以最终目标（顶峰学习成果）为起点，反向设计教学进程，使教学的出发点从“教师要教什么”转变为为了达成目标“学生需要学什么”。教学活动的实施更有挑战性，也更为精准，学生可以高效地将学习要点聚焦在重难点和关键点上。课程以“四大板块”，即影视剧配音、纪录片配音、广告配音、电视栏目配音为主要体系。然而，在网络配音的冲击下，过于“专业划分式”的教学体系已不再适应市场需求，当前的配音行业更注重个性化表达、声音定制服务、返璞归真等特性。

现今活跃在行业内的一批配音演员，他们大部分都有影视表演、戏剧表演等专业背景，这源自影视配音与表演在创作模式、表达方式上的共通之处。虽然和配音同样都注重“声音”和“语言表达”,但播音主持更强调基于文本的语言表达二度创作。因此,影视配音具有一定的“边缘性”。基于此特点,成果导向的配音类课程应该更加注重对学生的表演能力训练,从培养学生的“处理文稿能力”转化为“感受力”和“表现力”的培养,往语言样态、配音风格、制作手段等精细化能力点上转化。中国传媒大学影视配音课程组做出了较好的示范,在“求新、求实、求精”的实践教学理念指导下,运用新颖的教学手段激发学生的学习兴趣,如写人物小传、做拉片笔记,与剧中人物“同呼吸、同行动、共情感”。

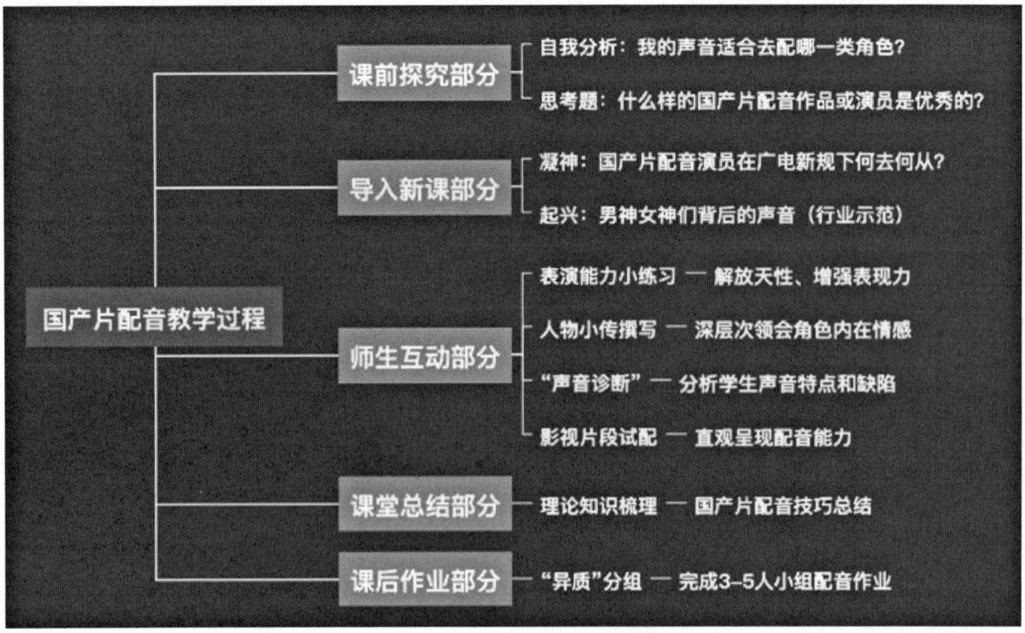


**图1 影视配音教学过程设计样例**

在“互联网+”时代,影视配音由于网络媒介传播快的特点而在自媒体、移动端上大放异彩。课程中应注重除配音中期创作之外的前期、后期能力的培养,使学生在该课程学习过程中拓展能力维度,甚至在思想观念、价值取向、精神风貌等方面得到发展。当前影视配音市场发展潜力巨大,整合优势配音资源(如引入行业导师)、优化配音资源配置(如走进实习实训基地),皆是培养优秀配音人才的有效途径。配音课程组可联合媒体平台,将播出端作为成果展示的出口,以得到更高阶的能力指标和更广泛的评价渠道。

## 五、OBE 理念下配音类课程质量评价

OBE 教育理念强调精熟。因此,该理念指导下的课程教学评价应以不同条件的学生都能精熟的内容为前提。只要给每位学生提供适宜的、多样的学习机会,他们都能达成学习目标。① 在配音类课程中,建立科学有效的实践教学质量监控与评价体系,不仅可以监管实践教学,而且有助于引导教师用更适宜的教学方法传授学生更实用的知识技能,同时对实践教学效果具有更强的牵引作用。以成果为导向的实践教学质量监控与评价体系建设的最终目标,就是促进成果的产出以及对人才各方面素质的培养。

在以成果为导向的目标牵引下,教学评价中将行业评价前置,使学生的配音作品直面社会,经受市场标准的检验。教师制定"高阶性"执行标准,可有效提升学生对课程的"期待值",并鼓励学生达到更高水平。如课程开始前,将作品出口设定为中央广播电视总台云听、学习强国等优质音频平台,在任务驱使作用下,学生更重视各环节作品制作质量的把控,从而在"高标准,严要求"下产出精品。除行业认可外,学生有声作品的收听量也是一大检验标准,受众数据在体现作品是否符合行业标准的同时,更将学生作品的社会价值做了直观的呈现。如师生共同参与配音的红色广播剧《龙华千古仰高风》,已同步上线中央广播电视总台云听 APP 和上海龙华烈士纪念馆馆内,作品不仅得到主办方和平台方的高度认可,更在上线平台一周内达到 12 万人次以上的收听量。

同时,传统课堂中,分数的高低为学生贴上了"优、良、中、差"的标签,学生对分数的追求使学习变得"功利性"。而成果导向教学模式下的配音课程,不再单方面评价学生个人"配得好不好",而是将评价放在"创作成品质量"上,评价维度聚焦于整组的知识掌握程度、作品完成效率和质量,从而避免学生过分在意个人成绩,并督促学生对配音作品持续改进。

## 结语

OBE 教学理念指导下的配音类课程更注重个性化评定,强调能力本位,学生通过富有挑战性的学习任务,激发了自身思考、质疑、研究、决策和呈现的能力。OBE 教学

---

① 何芹. 论 OBE 理念下的大学生生涯规划教育探究[J]. 云南经济管理学院学报,2021(2).

理念要求从社会行业需求来倒推人才培养目标,进而通过分析行业标准来成功衡量出“学生能做什么”,规划具有针对性的课程体系,从而实施真正对学生能力提升有帮助的配音教学,并在教学活动的整个过程中开展持续评估,帮助学生成为更好的自己。

配音类课程的产出成果可以作为学生学习能力、专业水平的体现,成为其在实践就业中个人实力的良好佐证,让“产品化”的配音作品接受社会的检阅。学生因此对高阶能力更为关注,学习目标不再是完成作业、应对考试,而是站在一定的高度来思考如何运用创造性思维来制定项目、研究案例,产出市场认可的精品。在专业化的长效机制下培养出的配音人才,必将成为新时代的行业翘楚与精英。

(程骥,武汉传媒学院播音主持艺术学院讲师)

# 告别模板化思路的影视特效教学研究

**The Teaching and Research of Discarding Templated Ideas for Film and Television Special Effects**

◇ 谢祎

Xie Yi

**摘要：**随着影视后期特效行业的不断革新与发展，越来越多的产业离不开可视化包装。而特效的作用不仅在于提升画面的力量与美感，同时也需要兼具文化内涵的传播。因此，越来越多的高校开始更加注重对影视后期特效人才的培养。本文结合特效的技术分层与发展前景，着重探讨线下翻转课堂与线上教学的结合形式，并提出教学思路上的认知和改进方法。

**Abstract:** With the continuous innovation and development of the film and television post-special effects industry, more and more industries are inseparable from visual packaging. The role of special effects is not only to enhance the power and beauty of the picture, but also to spread with cultural connotations. Therefore, more and more colleges and universities have begun to pay more attention to the cultivation of special effects talents in the post-production of film and television. This paper will combine the technical stratification and development prospects of special effects, focus on the combination of offline flipped classroom and online teaching, and propose the cognition and improvement methods of teaching ideas.

**关键词：**特效；模板化；翻转课堂

**Keywords:** Special effect, Template, Inverted Classroom

大数据时代，信息的采集和读取方式呈现出对数字化视图信息的偏好。越来越多的企业和个人开始重视可视化包装，以便更清晰直观地自我展现与快速便捷地宣发传播。随着可视化内容与形式的不断演变，后期特效成为影视艺术表现的常用手段。而如何高效率、高质量地培养时代发展所需要的影视后期特效制作人才，成为当代高校影视专业课堂教学的重要研究课题之一。影视后期特效制作的发展离不开原创性和创新性。高校教师在教学过程中势必要提升自身的专业素养,告别模板化的教学思路,利用翻转课堂的线上与线下优势,积极开拓特效课程教学的新方法。

## 一、影视后期特效制作的发展与技术分层

### (一)特效的发展与革新

在20世纪80年代,特效并不具备独立性和指向性。以詹姆斯·卡梅隆导演的《终结者2》为例,特效主要指某一部影片中所创建的效果,往往在影片播映结束后,特效也随之结束。它仅仅具备阶段性开发的特点,却不兼具传递性和延续性。① 直到90年代初期,随着After Effect 1.0软件的发布,特效不再作为影片中的单一性存在,它最终演变成为开发性与独立性并存的集成式软件。AE作为一款功能性强大的特效合成软件,可以为多部影片制作相同或不同的特效,既可以理解为取消了"量身定做",又可以理解为普及了"量身定做"。

### (二)特效分级制的演变

特效软件的出现为电影投资方节省了不少的开支,自此,一次性特效的模式正式终结。而随着特效软件的继续革新,其内部也演化出技术分层架构,也就是人们常说的特效分级制。即初级特效、中级特效和高级特效,与之相对应的领域主要为网络、电视和电影。而三者中,初级特效的发展最为快速和稳定。② 以短视频平台为例,从孵化走向成熟仅仅不到三年时间。而短视频作为网络传播的一种存在形式,又区别于传统的线下视频,与其后台的管理模式存在着较大差异。例如人们在抖音、快手等短视频平台上发布自己拍摄的作品,可以一键套用特效。这得益于短视频平台将制作完成好的特效进行线上编程、转换,再通过自身后台优化,从而使得非专业人士可以轻松地获取特效,避开了特效制作的烦琐过程。③

## 二、特效教学实施问题分析

### (一)硬件设备配套不齐

以"影视后期特效制作"这门课程为例,电脑配置的高低很大程度上影响着特效

---

① 刘道军. 浅析影视后期特效的运用与发展[J]. 农家参谋,2018(6):224.

② 俞瑶. 影视后期特效制作的重要作用与技术分析[J]. 西部广播电视,2019(24):154-155.

③ 谢菁. 多媒体技术在影视后期特效中的应用研究[J]. 新闻传播,2021(20):103-104.

的完成质量。尤其是高级特效的操作,每一步骤、每一环节都需要不间断的实时渲染,因而电脑配置不够导致的死机后重启是最为困扰课堂实践教学的问题之一。因为大部分高校对电脑设定了重启还原,所以在电脑重启后,之前的工程文件和素材都会自行删除。以当前授课频率最高的粒子特效为例,平均会消耗 1—2 节的课时进行讲解和制作,一旦出现上述状况,不仅费时费力,也会打击学生对于学习特效的积极性。

（二）进阶类特效书籍的存量不足

由于我国影视特效行业的发展起步较晚,专业化程度不高,师生在教学上会研习和借鉴国外的课程案例和参考书籍。相比之下,初级特效的教学参考书籍相对较多,种类和案例也都十分丰富;而中高级特效的相关刊物和书籍因版权问题相对匮乏,门类往往凤毛麟角,内容和质量也参差不齐,无法满足高质量的教学需要。①

（三）网络化的泛学习病症

大数据时代的快速发展俨然成为一把双刃剑,尤其是针对高校的学生。为满足流量的需要,许多原创的特效制作案例极易被他人曲解后盗传上网络,导致许多学生在观看教学视频时,并未能真正学习和理解其中的知识要点。② 而非原创作者的网络回复中也会夹杂许多错误的主观判断,专业程度真假难辨。同样,作为传道授业解惑的老师,也成为被影响的群体之一。以影视特效制作课程为例,在教师未授课前,学生便已从某些视频门户网站习得各类“特效绝学”。尽管提前学习是一件好事,并且线上教程也可以极大地缩减时间成本,但大部分的网络视频课程弊大于利。正如在谷歌搜索的注解上,存在大量错误的知识解析和非理性价值观导向的言论,使得不少学生在知识的认知和见解上产生严重歧义,最终导致美国相关专业高校教师联名抵制谷歌搜索的事件。中国高校的正常教学也遭受了同样的网络信息洪流的侵害,甚至在一些高校出现了学生抵制教师授课的情况,认为其所讲授的内容与网上不符,被评价为教学方法单一,知识结构重复,主题枯燥。高校教师反复修改和论证的教案以及多年授课积累的实践经验有可能被贬得一文不值。因此,网络化的泛学习现象会让部分学生好高骛远、盲目自大,尤其是以网络视频为主要传播方式的特效教程更容易深陷这样的泥潭。为了避免此类现象发生,教师必须通过提升自身的专业素养和学前教育,让学生具备明辨黑白是非的能力,解决网络泛学习化病症。

---

① 刘思奇. 影视后期特效的运用及发展探讨[J]. 才智,2018(5):182.

② 吴冬. 影视后期特效 AE 在动画中的应用[J]. 科技视界,2021(11):132 – 133.

## 三、翻转课堂教学的形式和思路

### (一)教学方向与目标设定

特效作为影视后期制作的一部分,存在着一定的特殊性(所谓的特殊性指的是电影的类别决定着特效在影片中的呈现形式)。而特效本身也有着类别之分,不同的特效类别在教学模式上也大不相同。因此,在教学之前,必须明确方向和目标。以影视后期特效制作的课程为例,分初级和高级两个阶段。初级特效的教学方向十分清晰,参照市面上常规的特效书籍即可。在界面操作上与特效软件的匹配程度也最高,适合初次接触特效软件的学生。所以在目标设定上也非常直观,旨在教会学生进行特效软件的基本操作,能独立完成视频中的特效包装。同时,参考当前的影视特效行业,即便是初级特效的教学内容也足以应对大部分的影视包装。但高级阶段则完全不同,在教学方向的设定上需要更加突出特效的主题。因为特效软件的使用离不开插件的辅助,而高级特效的教学十分依赖第三方特效插件的使用,因而在特效插件的选择上决定着教学的方向。① 部分第三方插件甚至需要同时兼备其他专业方向的知识,这些可能与影视专业人才培养方案背道而驰,所以在教学方向上需要根据特效的类别进行区分。同时教师也要结合初级特效的教学程度来进行对比考量,规避不适用的第三方插件。另外,在教学目标的设定上,高级特效需同时参考特效类别和影片类别,特效类别上要更加多样化,表现形式上要更加逼真,尤其是虚拟场景的合成,需满足纯科幻类电影题材的设定。面对高级阶段的特效教学,设备上的配套问题则必须被重视。因而在高校的机房设备建设和投入中,需针对影视特效制作类的课程单独采购电脑。同时也不能盲目地扩大机房或者增加电脑数量,对于大部分的特效而言,真正影响其工作效率的硬件主要是电脑显卡和内存,而这两样硬件是可以单独购买并添加至电脑中的。以当前教学所需配置为例,一部电脑的显卡和内存通常可以使用2—3年。而后则可继续添置,相较于更换,升级整机的核心CPU所花费的费用更低。这样既可以避免资源上的浪费,又能满足教学的需要。

### (二)线下翻转课堂与线上教学结合

当前受全球新冠疫情的影响,高校的教学形式增添了新的变数。原本的线下教学

---

① 许千艳.基于技术技能型人才培养的影视后期特效制作教学的创新分析[J].智库时代,2019(38):182-185.

在特殊情况下转变为线上教学。线下课堂教学的形式也在经历着转变。以翻转课堂为例,是以视频化教学为主、课上讨论为辅,将原本作为引导者的教师成功转换为指引者,从引导学生学习到指引学生自主完成知识积累。课堂不再将PPT作为主导教学思维的工具,而是让学生观看视频内容,相互探讨和发表自己的观点,总结学习经验。① 当然,翻转课堂不仅改变了教学形式,同时也帮助教师完善了课堂上的其他职能,例如传统的签到和提交作业,以及课上讨论等,可以直接借助翻转课堂的网络化平台来完成。签到的形式也可以根据实际情况进行调整,例如位置签到、手势签到、图片签到等,不仅增加了学生与教师之间的互动性,同时相较于纸质版的点名签到来说,更易于数据的管理和留存。同样,在进行小组讨论时,也可以多人实时互动,随时查看留言并发表自己的见解。在作业的上交类型上,可以是语音,也可以是视频或者图片,极大地增添了课堂教学的互动性和趣味性。当然,翻转课堂也同时兼顾了线上、线下教学的特性,从而在疫情发生之后,翻转课堂依旧可以从线下完美地过渡到线上。但不同于单一性的线上教学,它把原本只能在线下进行的教学活动也成功植入到了线上。以特效软件为例,学生可以通过共享屏幕一边操作一边完成观看,同步性甚至比在线下时更高。② 在过去的线下翻转课堂,老师评阅学生作业时往往会将作业集中收取点评。而线上的翻转课堂可以在共享屏幕的前提下,利用学生互评的方式观看作品。这不仅能让学生获得参与感,同时能做到相互借鉴,及时修改。即便有不懂的问题,老师也能同步回答。尤其是在讲解特效的制作流程时,需要边讲边操作,这样一种线上与线下同步相结合的方式,更有利于学生快速掌握知识并提升实操技巧。

### (三)开拓教学新思路,摈弃"陈年特效"

虽然我国影视后期特效的制作水平在近几年有显著提升,但与欧美国家的特效产业相比,仍然有不小的差距。③ 培养一名优秀的特效师,不只是看其学习特效的能力,同时也要看其是否兼备一定的想象力和创新力。而特效制作最关键的创新领域在我国发展相对滞后,这也间接导致高校教师在特效创新能力培养上的不足。越来越多的学生甚至放弃课上的学习,对特效进行模板化嵌套。这里的模板化主要指的是对同一类别的特效进行反复重组,看似呈现的是不同的画面状态,实则核心一样,毫无创新力可言。长期利用模板化的思维制作特效,将使特效教学变得味如嚼蜡。若想摈弃这样

① 方慧.三维影视后期特效"微课+翻转课堂"教学模式研究[J].传媒论坛,2020,3(9):150-151.
② 唐婕,欧阳曦."互联网+教育"背景下在线开放课程的建设应用——以影视后期特效合成课程为例[J].新闻研究导刊,2019,10(11):27-28.
③ 管珂艺.影视后期特效制作的创新探索[J].参花(上),2021(10):93-94.

一种故步自封的“陈年特效”教学方式,影视后期特效制作的老师必须开拓新思路。这里的“新”和“心”要相通,从心出发,不能完全借鉴网络上的模板进行制作。在前期制作阶段,即便不能完全脱离网络化的模板,也需要不断地尝试创新。只有不断地反复实验,最终才能脱离模板,实现原创。从更大的教学环境出发,另一种提升原创性的方法便是真正实现校企合作,实现影视后期特效教学与实际的电影生产的结合。

(谢祎,武汉传媒学院电影与电视学院制作系教师)

# 体态律动与指挥艺术融合式教学的探索与实践

## Research and Practice on Teaching Model Combining Dalcroze Eurythmics and Conducting Art

◇ 周媛

Zhou Yuan

**摘要**:达尔克罗兹体态律动教学体系强调“音乐是动的艺术”,他尝试用人的各个肢体来表现音乐;合唱与乐队指挥也是“以动来表现音乐”,当然这种运动的肢体主要是手、手臂以及面部表情等。由此可见,两种课程教学在核心观点上有着极为相似和共同之处,用肢体表现或诠释传达音乐作品的意图和内涵,音乐与肢体表现之间相互影响、互为因果,两者辩证统一。作者有感于体态律动中的诸多理念与指挥教学中的原理有着千丝万缕的内在联系,特尝试找出两者之间联系紧密的共通点,并以此融会贯通创新教学方法,促进指挥教学。

**Abstract:** The eurhythmics of Jaques-Dalcroze emphasizes that “music is an art of movement” and tries to express music with various parts of human body. Chorus and orchestra conducting also “express music with movement”, with hands, arms and facial expressions. Thus it can be seen, that these two methods shares a lot in common in their core concepts, which is using body to express or interpret the intention and connotation of musical works where music and physical performance reflects each other. The author, inspired by the concepts of body rhythm, which are inextricably linked with the principles in conducting teaching, tries to find out the commonalities between the two, and to innovate and promote the teaching of conducting.

**关键词**:体态律动;指挥艺术;融合式教学

**Keywords:** Dalcroze eurythmics, Conducting art, Integreated teaching

瑞士作曲家埃米尔·雅克·达尔克罗兹(Emile Jaques-Dalcroze,1865—1950)在1900年左右提出了一个新的学说——“体态律动学”教学法。他认为:以往的音乐教育是非常音乐性的,也就是不符合音乐的本性。音乐本身离不开律动,而律动和人体本身的运动有密切的联系。因此,单纯地教音乐、学音乐而不结合身体的运动,至少是孤立的、不全面的。针对这一点,达尔克罗兹提出了“体态律动学”的教学法。他前后花了约几十年的时间从事理论与实践的探讨,在他的艰苦努力和有关人士的大力支持下,终于取得了成功。今天他的方法不仅远远超出了音乐的范畴,广泛地用于舞蹈、戏剧、绘画、运动等方面的训练,而且还推广于音乐治疗、残疾与弱智儿童以及康复医疗等领域中,在五大洲都有专门的学校,培养该教学法的教师。[①]

在19世纪,乐队及合唱指挥艺术也逐步形成和完善,随着音乐艺术的发展以及历代指挥家们的不断探索,指挥的地位和指挥艺术理论体系在20世纪已经确立,并诞生了一大批指挥大师。例如奥地利著名指挥家赫伯特·冯·卡拉扬(Herbert Von Karajan)在音乐界享有盛誉,被誉为“指挥国王”。他指挥的动作潇洒大方,有时豪放,有时细腻。在指挥舞台上,他站姿挺拔,常常闭着眼睛,面部表情威严,主要靠挥动的双臂,就使得乐队各声部之间达到了演奏室内乐般的默契。而他的弟子小泽征尔的指挥风格却不一样,小泽往往佝偻着身体,全身都在舞动,面部表情丰富,浑身都是音乐。他总能恰如其分地控制速度和力度的变化,从而表达自己的思想。他的指挥手法准确,有目的性,具有极强的表现力。此时,指挥由最初的打拍子、统一演奏演唱者的节奏速度的功能,演变为通过对音乐快慢、强弱等音乐要素及表情的处理,来挖掘作品内涵,诠释作品情感。可以理解为指挥艺术是一种通过主动的身体律动来表达音乐。仔细体会和斟酌两者之间的区别,并通过大量的教学和艺术实践,作者发现指挥艺术与达尔克罗兹体态律动的原理相通,在教学和实践中亦可互相借鉴。

指挥法课程是培养学生系统地学习指挥艺术的基础理论知识,初步掌握指挥的基本技法的课程,是具有较强综合性、实践性、技术性与集体合作性的一门课程。它的先行课程为“基本乐理”“视唱练耳”“和声”“曲式分析”“钢琴”“声乐”“音乐史”等。这样一门本身就集合了多种知识、能力的复合型艺术课程,如何教得生动有趣又富有启发性呢?这是我们音乐老师应该思考的问题。

知识之间的关系决定着一个教师应该采用什么样的教学策略让学生对知识体系进行构建。体态律动与指挥艺术的融合式教学注重不同学科之间、课程之间的融合,以及基本知识点或共同知识原理的融合。本文重点探讨如何将体态律动技术与指挥艺术两者有机结合融入教学实践,从而培养学生立体动感的思维能力和实际动手能力。

---

① 参见 https://wenku.baidu.com/view/20b4ad23760bf78a6529647d27284b73f3423638.html.

## 一、“音乐与肢体”的关系为指挥艺术与体态律动融合式教学的理论基础

达尔克罗兹体态律动教学体系强调“音乐是动的艺术”,用身体的各种动作来表现音乐。音乐通过基本要素(音的高低、长短、强弱、快慢、音色等),以及由这些基本要素相互结合形成的形式要素(节奏、和声、调式、曲式、肢体等)来表现音乐的内涵和情感。体态律动把身体作为乐器,通过肢体动作,来表现音乐节奏的速度、力度、时值变化,重现音乐的要素和形式要素。

合唱和乐队指挥则是通过案前工作——总谱读法,让自己听到音乐,感受音响,再进行作品分析、构思处理,最后设计指挥动作,通过以上肢为主、其他肢体语言和表情为辅的动作,来表达自身对音乐的理解和处理。指挥的基本功就是要通过肢体挥舞的图示来准确地表达音乐的节奏、节拍、速度、强弱、乐句的气口、旋律的起伏等,并且让乐手或歌手同步到这个表达过程中。指挥在肢体的挥舞中,体现艺术作品的独特风貌、创作个性、特色、作风、格调和内在气质,其意义不仅仅是传达艺术作品谱面的音符、节奏及各种记号,而是透过谱面的各种符号来表达艺术家深刻的内心感情,所以从根本上讲,合唱与乐队指挥是“以动来表现音乐”。

将听觉的东西以视觉感受呈现,即音乐艺术的“通感”。从音乐与肢体两者之间的关系来看,指挥艺术与达尔克罗兹体态律动在原理上同宗同源,都是先听音乐,再进行感受思考,进而用肢体表现音乐。因此两者之间有着互相借鉴交流的深厚基础。

## 二、指挥艺术与体态律动融合式教学实践意义

指挥法的教学是目前我国各高校音乐类相关专业教学的一项重要内容,尤其在音乐教育领域,合唱与乐队指挥是必修课。其学生毕业后主要就职于中小学校、文艺演出团体等,而这些单位主要承担着音乐艺术的普及教育、社会推广和娱乐等功能,指挥是实现这些功能的主力军。因此,指挥教学成果的好坏关系重大,他会直接影响到广大中小学校的艺术教学及社会演出团体和合唱活动的水平高低。尤其近年来,随着音乐艺术活动的蓬勃发展,培养优秀的合唱与乐队指挥人才就显得越来越重要,对于指挥艺术教学的研究也就越来越有必要了。

体态律动在音乐知识的启蒙、音乐与协调感知等方面发挥了巨大的作用,同时在课堂教学中,它以极强的感染力大大提高了学生们的学习兴趣,营造出积极快乐、活泼健康的课堂氛围,能够综合培养学生对音乐的感知力、表现力和创造力。体态律动在

中小学以及幼儿园等音乐教学中得到广泛应用,甚至已经成为中小学音乐教师必备的一项基本技能。因此,从音乐人才就业市场的角度来看,掌握体态律动是十分重要的。探讨指挥艺术与体态律动融合式教学不仅具备深远的学术意义,更对人才培养有着实际的指导意义。

在指挥艺术与体态律动融合式教学中应该遵循以下两个原则:其一,在普及型、应用型教学中更应该把复杂的知识简单化,即把难懂的知识变得易于接受和掌握。例如,在指挥教学中,从最基本的2/4、3/4、4/4拍入手,将基本挥拍动作原理比喻成拍篮球,由上及下找到拍点,等待球的反弹,再随球而上缓冲,在制高点击球挥出下一拍。而随着学习的深入,在研究型、学术性教学中则应该把简单的知识复杂化,即把知识研究得更加深入。例如,要思考在基本拍的挥拍图示中如何更自然、更准确地把音乐的情绪加进去,由基本拍衍生出更丰富的手势语汇。其二,教学内容生动形象化,枯燥的练习趣味化,手段多样化,学科多元化。例如,将指挥的乐曲先进行体态律动的表演,甚至可以邀请演奏、演唱的队员一起进行表演,在音乐强时通过动作感受应该强到什么程度,弱时需要弱到什么地步。速度的快慢也可以通过大家动作的一致性来达到统一。这些都可以在感受音乐中用体态律动达成默契,从而对音乐内涵的理解和处理快速达成共识、形成共情。这样再在一起合奏、合唱时就会事半功倍。

## 三、指挥艺术与体态律动融合的几个方面

### (一)旋律线的勾勒与表现

音乐的律动发展成为旋律,它由音符串联组成。在旋律进行中,由于音高走向的变化、力度强弱的变化、情绪感染的变化等而形成的起伏线条叫旋律线。

指挥法教学重在用手势挥舞的图示来勾勒旋律线,手势上扬由低向高进行,拍点落在高处则旋律上行;手势下沉由高向低进行,拍点落在低处则旋律下行。手势大幅度上下挥舞,多为大跳上下行;手势上下幅度适中,多为小跳上下行或级进。手势起则音乐起;手势停则音乐停。

在指挥法教学中,旋律线的勾勒可以借鉴体态律动,不必过于保守和僵化,可以先像体态律动一样直观地感受,自由地随音乐旋律的起伏放大动作,逐步将身体的律动提炼浓缩到身体局部,也就是上肢,这就自然形成了指挥所需的旋律线勾勒。这样的指挥线条往往直观、明确、指向清晰。在体态律动的教学中也可反其道而行之,在听到音乐后内心感受,先尝试用身体局部肢体表现,再逐步放大,这样的感受更加严谨、深刻。

### (二)音乐快慢、强弱、长短、节奏等要素表现

达尔克罗兹体态律动的动作一般分为原地动作和空间动作两类。原地动作包括：拍手、指挥、摇摆、弯腰、说话、歌唱等；空间动作包括：走、跑、爬、蹦、跳、滑等。这些动作可以和身体的高、中、低位置结合，也可以用身体的头、身、臂、手、脚等各个部位，与歌声的动作、体感、表演等相互配合，以表示不同的节奏、旋律、和声、复调、曲式等。例如，当音乐在低声区进行时，人可以蹲着行进；当音乐在高声区进行时，人可以站立或踮脚行进。当音乐逐渐上行时，人可以由蹲逐步变为直立行走；当音乐逐渐下行时，则人可以逐渐蹲下。当音乐出现大跳时，人可以跟着大跳；当音乐活泼轻盈时，人也可以小跳。这些动作素材与音乐的基本要素有着某种形象的对应，这种对应类似于文学表现手法中的通感，听觉上的感受用形体上的动作来表现。当然动作也可以是多种多样的。例如，既可以用小跑表现快的音乐，也可以用快速奔跑表现急板。强的音乐可以用剧烈的、幅度较大的动作来表现；弱的音乐可以用幅度较小的、轻柔的动作来表现。长时值的音乐可以用动作的保持来表现；短促的音乐也可以用简短的体态动作来表现。总之，不同节奏、不同风格的音乐可以用体态律动表达的方法多种多样。在音乐快慢、强弱、长短、节奏等要素表现上，体态律动的原则是尽可能打开想象，利用身体的一切体态去创造一切表达的可能。

那么，在指挥法教学中如何去表达这些要素呢？常见的节拍、节奏可以用常规挥拍图示表达其强弱规律和节奏型；用合拍、分拍、省略拍等特殊的指挥方式表达特殊的节奏型。快速度音乐，指挥的挥拍动作急；慢速度音乐，指挥的动作舒缓。音乐强，指挥的动作重；音乐轻，指挥的动作轻盈。

可见，在音乐快慢、强弱、长短、节奏等要素表达上，指挥动作与体态律动之间原理相通，只是全身动作与局部动作的关系。在指挥教学中，可以尝试打破固定指挥图示的思维，大胆感受，发挥想象，最后逐步浓缩提炼设计，这样的指挥教学过程更加生动有趣、直观有效，更容易凸显个性，形成独特的指挥风格。相对于传统的指挥教学，具有积极的意义。而另一方面，在体态律动的教学中，明确的指挥动作对于引导和启发学生也有着重要的作用。

### (三)音乐情绪色彩感受与表现以及多声部协作中听、奏的互动交流

在体态律动游戏和器乐演奏活动中，常常有一个引领者(相当于指挥)。演奏者就分成多个小组，持不同的乐器(如钢琴、钢片琴、沙锤、鼓、碰铃、三角铁、刮奏器等)，分担不同的角色，由引领者(指挥)即兴构思创作，指挥各个小组发出或强或弱、或快

或慢、或长或短的各种声响,形成一部完整的作品。在这一过程中,引领者是绝对的指挥者,小组成员担任了乐队声部的演奏员,大家互相聆听,并关注引领者的手势动作发出的信号,再及时做出相应的演奏。引领者(指挥)在此过程中,要熟悉并明确各个小组乐器的色彩、性能,预计能发出的声响效果,再彼此搭配,设计、指挥各小组之间的协作,达到预期的音响效果。这需要引领者有多声部立体声的听觉和想象能力,同时,当赋予作品思想情感内容时,引领者又多了情绪感受和传达的任务,在深刻感受作品的情绪色彩后,引领者要能够充分利用肢体(尤其包括表情)去传达作品的情感内涵。这些过程,体态律动教学与指挥教学几乎是共同的。

综上所述,体态律动教学与指挥教学在原理上相通相融。在指挥艺术的教学实践中,可以尝试将体态律动游戏和器乐合作活动作为指挥教学的预备热身,或者是拓展训练;与此同时,也可以把指挥教学的方式借鉴给体态律动教学。每个人都可以在这个活动中成为指挥者,也可以成为演奏者(被指挥者)。大家可以从不同的角度去感受自己在这个活动或游戏中扮演的角色。

法国著名的文艺理论家和史学家丹纳在其著作《艺术哲学》中曾说“艺术不是孤立的……”艺术教学更需要多学科的交融。教师除了应该具备扎实的专业基础知识和技能外,更应该有广阔的学术视野、活跃的思维以及勇于实践的胆识,这样的教学也才有更加积极的意义。

**参考文献**

[1]李茉.一场动起来的音乐教学革命——论达尔克罗兹体态律动教学法之“动”[J].中国音乐,2019(5):126-131,185.

[2]李茉.体态律动音乐教学体系对传统教法的革新与发展——世界体态律动教师联盟主席保罗·希勒教授访谈录[J].全球教育展望,2018(4):3-10,110.

[3]李博.试论体态律动音乐教学中教师的角色[J].人民音乐,2012(5):66-67.

[4]王娜,于艳.浅析达尔克罗兹的音乐教学法[J].大舞台,2012(4).

(周媛,武汉传媒学院电视与电影学院讲师)

# 课程思政

# 基于线上线下混合教学模式的课程思政研究与探索①

——以新闻传播学专业"Web 前端开发"课程为例

**Research and Exploration on Curriculum Ideology and Politics Based on Online and Offline Mixed Teaching Mode**

——Taking the Course of" Web Front-end Development" of Journalism and Communication Specialty as an Example

◈ 王玲玲

Wang Lingling

**摘要**:本文主要以新闻传播学专业"Web 前端开发"课程为例,阐述线上线下混合教学模式下如何深挖思政元素及优势,重点探讨线上线下混合教学模式课程思政教育的实施策略以及取得的具体成效,以期为其他课程提供参考。

**Abstract:** This paper mainly takes the course "Web Front-end Development" of journalism and Communication major as an example to illustrate how to dig ideological and political elements and advantages under the online and offline mixed teaching mode, and focuses on discussing the implementation path of ideological and political education under the online and offline mixed teaching mode, and shows the ideological and political effects of the course, in order to provide reference for other courses.

**关键词**:线上线下混合教学模式;课程思政;师生关系

**Keywords:** Online and offline mixed teaching mode, Curriculum ideology and politics, Teacher-student relationship

2020 年,教育部印发了《高等学校课程思政建设指导纲要》(以下简称《纲要》),明确指出:"全面推进课程思政建设是落实立德树人根本任务的战略举措,要紧紧抓

① 本文为武汉传媒学院 2021 年校级"课程思政"示范课立项项目 XJKS2102 结项成果。

住教师队伍‘主力军’、课程建设‘主战场’、课堂教学‘主渠道’。专业类课程要深度挖掘提炼专业知识体系中所蕴含的思想价值和精神内涵。实践类课程要注重学思结合、知行统一,增强学生勇于探索的创新精神、善于解决问题的实践能力。”①

2017 年笔者带领着自己的教学团队开始针对新闻传播学专业的“Web 前端开发”课程进行线上线下混合教学模式的改革实践。2020 年响应教育部的号召,笔者在该课程中同时进行了思政教学改革。在实践应用过程中,深挖课程思政元素,融入课程内容,充分发挥线上线下混合教学模式在课程思政中的优势,通过实施路径取得了一定的思政育人成效。

## 一、深挖课程思政元素,融入课程内容

### (一)坚持马克思主义新闻观,促进新闻传播学专业课程思想性与技术性的统一

新闻传播学专业课程要培养学生具有强烈的社会责任感,这种社会责任感是建立在学生深厚的爱国情怀和民族自豪感基础上的。培养学生具有深厚的爱国情怀和民族自豪感,不是靠某一门课就可以完成的,需要学生具有一定的爱国主义基础和实施不断的接力教育。“Web 前端开发”是新闻传播学专业的一门技能型专业课程。在教学设计中,笔者将新闻传播学专业的思想性与技术性进行统一。比如第一个单元“响应式多媒体页面的制作”,这是技术性的要求,内容上选择国内新闻,就是思想性的要求;第五单元“JS 交互页面的制作”,笔者带领学生搜集中国航天发展的图文设计和制作资料,制作“中国航天发展史”的 JS 交互页面,让学生掌握 JS 交互技术的同时,产生强烈的自豪感,实现思想性和技术性的统一。

### (二)培养学生严谨的科学精神

新闻传播学专业作为一个典型的文科专业,大部分课程都是在培养学生的人文素养,而“Web 前端开发”作为计算机科学领域的一门基础知识,具有典型的科学性,错了一个单词拼写、一个标点符号甚至大小写不一致都是不被允许的。它可以让学生通过反复的训练、对作品的研磨,达到严谨的治学目的。

---

① 教育部. 高等学校课程思政建设指导纲要[EB/OL].(2020-05-28)[2022-05-26]. http://www.gov.cn/zhengce/zhengceku/2020-06/06/content_5517606.html.

（三）培养学生独立思考、自主学习、持续学习的能力

学生的独立思考、自主学习和持续学习的能力并不是与生俱来的，必须要经过后天不断的反复训练才能逐渐提升。在线上线下混合教学模式中，一半的课时是学生自主独立完成的，这就给学生提供了很好的自学机会。在这一过程中，学生作为学习主体，自主地完成线上学习内容，遇到问题需要独立思考，因为老师并不能够在线随时解答，这也给学生思考提供了一定的空间。当学生具备了自主学习和独立思考的能力，那么也就为其持续学习的能力奠定了基础，帮助学生树立终身学习的目标。

（四）培养学生互帮互助的团队合作精神

本课程采用小组学习制，第一次课就布置了组队任务，由小组负责构建学习环境、组织小组讨论、开展项目合作等。线上学习的优势主要是时空分配灵活，学生可以自主选择时间、地点进行学习。但是很多学生也反映如果长时间线上独自学习，缺乏学习氛围，就会产生厌倦、枯燥之感，容易走神，不容易坚持，并且线上学习容易受到他人干扰、网络干扰等，很容易从线上学习转化为微信聊天、刷短视频等娱乐行为。小组学习则可以利用朋辈效应，小组成员之间互相督促，优秀的学习者进行示范。团队合作可以完成更加复杂的项目，获得更高的成就感，培养学生互帮互助的团队合作精神。

## 二、充分发挥线上线下混合教学模式的课程思政优势

线上线下混合教学相对于传统的线下教学课程思政教育来说，学生的主体地位更加明确和突出。此外它还具有以下优势：

（一）思政育人内容从“大锅饭”向“分餐制”转变

传统的线下教学模式，由于有固定的时空限制，常常是一位老师面对一群学生，因此在教学内容上无法兼顾每个学生的需求。而线上线下混合教学模式，尤其是线上部分及项目制作部分，则可以打破传统的时空限制，提供更多的内容供给。例如在“Web前端开发”线上学习资源建设时，除了基础知识单元外，还可以提供更多的案例示范模块单元，供学生根据自己的兴趣选择学习。思政育人内容也从“大锅饭”向“分餐制”实现了转变。

### (二)思政育人方法从说教式向启发式转变

传统的线下教学模式,教师要在较短的时间里完成基础知识的讲授和基本思政元素的传输,那么很多时候只能选择说教式的育人方法,因为这种方法最简单省时。但是在线上线下混合教学模式中,学生可以在线下课程上课之前在线上完成基础知识的学习,在线下课堂上,教师就可以采用更加灵活多变的教学方法。例如在"Web 前端开发"的线下教学过程中,就采用了案例演示教学法、启发教学法、项目驱动教学法等。

### (三)思政育人方式从灌输式向体验式转变

在"Web 前端开发"课程中,大量采用了项目驱动的教学方法,这些项目有平时的个人作业练习,也有期末的团队合作项目。有些是开放性的选题,有些则是指定性的选题。不论是开放性的选题还是指定性的选题,学生都有较强的自主性,因为页面效果是由学生自主选择设计的,在完成这些项目的过程中,思政育人方式从灌输式转向体验式。

### (四)思政育人沟通从单向式向互动式转变

在思政育人中,师生的沟通是非常重要的。习主席在中国人民大学考察时指出:"思政课的本质是讲道理,要注重方式方法,把道理讲深、讲透、讲活。"①道理怎么讲?就要靠师生的沟通。传统的师生之间的沟通主要靠课堂的 45 分钟时间,情感、语言的交流有限,传输方式也主要是单向式。大多数学生无法实现与教师的一对一互动式沟通。而在线上线下混合教学模式中,师生除了线下课堂交流外,还可以突破时空限制,转向网络,实现无障碍的互动交流。

## 三、线上线下混合教学模式课程思政的实施策略

### (一)思政育人的前提是建立良好的师生关系

不管是传统的线下教学还是线上线下混合教学,思政育人的前提条件都是要有良

① 常运立,王璐颖.思政课的本质是讲道理[EB/OL].(2022-06-20)[2022-08-30].https://m.gmw.cn/baijia/2022-06/20/35823179.html.

好的师生关系。师生关系直接影响到思政育人效果。建立良好的师生关系，教师需要在保证有效课堂的基础上，打造受学生欢迎的魅力教师形象。这里需要警惕一种情况，就是极少数教师为了讨好学生而放弃课堂的有效性原则，对学生要求无底线满足、课堂内容注水严重，形成所谓的“水课”。这与我们提倡的立德树人的基本原则是背道而驰的，是绝对要抵制的。排除性别、长相、年龄等客观因素，想要打造受学生欢迎的教师形象，可以从以下几个方面努力：

1. 提升教师的专业能力和教学水平

线上线下混合教学对教师的专业能力和教学水平都要求比较高，因为线上录播课程没有师生之间的实时互动，只有教师讲得生动有趣，学生才能够保持学习热情，也才能从心底里真正喜欢自己的老师。

2. 耐心、细心，用积极的心态面对学生

教师在布置任务的时候，需要明确、简洁。在线下课堂中，注重与学生的互动交流，指导学生操作的时候要态度平和、亲切，尽量避免无效的负面情绪发泄。在线上回答学生问题的时候，不论是文字输入还是语音输入，都需要注意自己的语气和语态，不能过于急躁，适当的时候可以放低姿态。当学生遇到挫折的时候要给予鼓励；当学生完成任务的时候要适当地进行表扬；与学生交流的时候，一定要态度真诚、有耐心。

3. 合适的目标任务让学生获得成就感

“Web 前端开发”对于新闻传播学专业的学生来说，难度较大。这是一把双刃剑。不好的一面是学生容易出现畏难情绪、抵触学习；好的一面则是如果学生可以跨越这些负面情绪，成就感就会更强烈。教师需要在每个知识单元设置不同难度的任务目标，通过螺旋上升的方式，让学生的成就感不断升级，激发学习的热情和潜能。当师生之间建立良好的关系后，学生对教师的认同感和亲切感就会更强烈，对教师也会更信赖。

（二）有效沟通，真诚服务，主动搭建沟通的桥梁

在传统教学中，教师的角色就是教师；但是在线上线下混合教学模式中，教师的角色定位发生了很大的转变，从单一的教师角色转变为项目设计者、教师、服务者、心理辅导师等。

在教学过程中，教师需要换位思考，站在学生的角度来思考问题，了解学生的心理特点，体谅学生的难处，这些都需要教师主动出击，搭建沟通的桥梁。

(三)以身作则,只有治学严谨的教师才能带出勤奋努力的学生

在学习和工作生活中,教师要严格要求自己,以身作则,对学生做出的承诺要认真履行。教师通过自身的规范来影响学生,达到思政育人的效果。可以说,只有治学严谨的教师才能带出勤奋努力的学生。

## 四、线上线下混合教学模式的课程思政育人成效

(一)学生的爱国情怀、民族自豪感得到增强

在线上线下混合教学模式中,学生受到爱国主义教育的不断熏陶和感染,爱国情怀和民族自豪感得到了显著增强。学生在期末创作出了大量的展现祖国成就的优秀作品,并发出了"我们的祖国非常伟大""我爱我的祖国""没有共产党就没有我们现在幸福的生活"等由衷的感叹。

(二)学生养成了严谨的科学态度,提升了自学能力和团队合作能力

通过课程学习,学生掌握了计算机语言的操作规范,撰写出优美简洁的代码。在学习过程中,学生们认识到了团队合作的重要性,同时自学能力也得到了显著提升。

## 结语

在"Web 前端开发"课程的教学实践中,教师充分利用言传身教的方式,真诚地与学生沟通,建立了良好的师生关系,并充分结合线上线下混合教学模式,对学生进行一对一的指导、关怀,达到了良好的思政育人效果。在接下来的教学中,笔者将进一步对课程思政考评方法进行深入思考和改革,将课程思政与教学内容进行深度融合,研究如何调动学生参与课程思政的主动性和积极性,以达到更好的课程思政育人效果。

(王玲玲,武汉传媒学院新闻传播学院副教授)

# 个案研究

# 音乐题材纪录片叙事结构的创新

## ——以《肖邦拯救人生》为例

## Innovation of Narrative Structure of Music Documentary

——Take *Chopin Saves Life* as an Example

◈ 彭俊杰

Peng Junjie

**摘要：**纪录片《肖邦拯救人生》围绕肖邦g小调叙事曲展开叙事，讲述了两位命运坎坷的青年如何通过演奏叙事曲来重构信仰，重建生活。影片根据音乐的曲式结构安排影视叙事框架，穿插著名钢琴演奏家对肖邦叙事曲的演绎和阐释，形成了音乐与人生、音乐与影视的独特表现和呈现策略，从而对音乐题材的纪录片乃至一般纪录片的音乐表现形式的创新具有一定的研究意义。

**Abstract:** *Chopin Saves Life* is a documentary film based on Chopin's ballad in G minor. It tells how two unfortunate people in life use this track to build their faith and pick up their life again. Just as the characters in the film and this musical work want to express: the best way to honor a cruel fate is to live a full life.

**关键词：**肖邦；钢琴叙事曲；纪录片创新

**Keywords:** Chopin Piano, Ballad Documentary, Innovation

纪录片《肖邦拯救人生》由詹姆斯·肯特导演，拍摄于2012年。影片讲述了苏格兰青年保罗和日本中学生桃香这两位普通青年在各自经历了人生的不幸之后，如何通过演奏肖邦的g小调钢琴叙事曲而重新振作精神、勇敢面对人生的故事。影片分为五个部分，分别叙述主人公各个阶段的经历和遭遇，如同叙事曲的曲式结构，每一阶段都有不同的主题和音乐叙事功能。全片在各个阶段还穿插了几位著名钢琴演奏家演奏和阐释g小调叙事曲的独立段落，强化了作为音乐题材纪录片的艺术特征。

传统的音乐题材纪录片一般可以分为表现音乐活动和表现音乐人物两个大类。

这两类纪录片有一个共同点:通过音乐语言为观众讲述真实动听的音乐故事。例如“郎朗归来”在拍摄中运用了时空浓缩手法,频繁切入演出场地的瞬间来突出和放大音乐效果,展示钢琴家郎朗作为中国的艺术使者在世界各地的受欢迎程度。郎朗的演奏画面与音乐会的现场声音成为影片的核心呈现。而《肖邦拯救人生》不同于传统的音乐纪录片。在影片中,主人公的人生经历、主人公的演奏、钢琴家的演奏和阐释等,被有机地融入影片的叙事框架,主人公的命运与音乐的纠缠、钢琴家的演奏与肖邦的纠缠,成为这部音乐题材纪录片的两个既独立展开又相互缠绕的“声部”。主人公遭遇不幸→演奏肖邦g小调叙事曲→重新振作精神、勇敢面对人生,钢琴家的演奏→阐述人生意义,两条线索彼此交织,形成了一种极其独特的“人生—音乐”的循环、交互阐释的关系:主人公的生活经历阐释了肖邦的音乐意义;同时,肖邦的音乐阐释了人生的意义。从另一个角度来看,影片的呈现结构也是递进关系的。从主人公演奏和理解肖邦,到钢琴家演奏和阐释肖邦,直至影片的结尾部分,以完整的演奏来实现音乐的自身阐释和纯粹呈现,纪录片叙事结构的循环渐进映射出音乐叙事曲的结构特点,影视叙事内容不断与叙事曲的音乐故事叠加重合,形成对音乐作品的再理解与再创作。

本文认为,通过对肖邦g小调叙事曲的音乐旋律、走向的理解,可以很好地把握主人公和肖邦的共同命运和情感基调,从而以音乐为媒介实现跨越时间与空间的心灵对话,深刻认识“肖邦拯救人生”和“人生阐释肖邦”的影片主题和音乐主题。

## 一、音乐的剧情化和剧情化的音乐

就影视作品的配乐形式而言,《肖邦拯救人生》的音乐十分单一或统一,只有一首肖邦钢琴g小调叙事曲。影片的开头是川流不息的街道,人们都在为自己所期望的生活而忙碌着。这一场景的配乐采用了g小调叙事曲中呈示部的主题。这也是肖邦叙事曲中最为抒情的一部分。大调的听觉效果充满希望和光明,影片开场的视觉处理加上音响效果给观众营造了一种对平凡生活的满足并且充满期望的氛围。当旁白进入时,钢琴降低了音量,整体的音响效果配合旁白而变得更加柔和。当“这也是历史上最难的钢琴曲之一”的话语出现时,背景的钢琴演奏进入再现部的尾声。这是肖邦注入了最多心血的段落,一向为演奏者难以把握。从一个个三和弦到七和弦的半终止、第二个句子中加入的八度和弦以及运用了多个不和谐音程的解决方法中可以看出,其中蕴涵着多么强烈的情绪。背景音乐在旁白快结束时并没有选择将尾声进行到底,而是切换到了展开部的副部主题,从尾声的g小调变为A大调,呈现出此曲的第一个辉煌高潮。虽然钢琴曲没有层层递进和铺垫展开,但却给人一直精神高度紧绷的状态,作曲家肖邦所要传达的想法,与男孩保罗坐在火车上奔赴自己新生活的画面以及女孩桃香克服恐惧与其他人交流的场景画面是一致的。这一段音乐的意图是给予听众和观众生的希望以及对生活的热爱,与主人公克服病痛、勇敢面对命运的情绪产生共鸣。

影片自此开始进入到保罗的生活世界。保罗十分喜爱钢琴,常常利用课余时间自己刻苦练习。当画面切换到保罗的钢琴演奏时,缓缓响起 g 小调呈示部的主体部分,旋律优美、缓慢,有适当的自由旋律变化,高音部拉长,中声部弱化处理,关键的低音触键既柔和又有深度,使整个旋律走向更为明显。当观众的听觉捕捉到旋律走向时,更能对保罗所表达的音乐情绪感同身受。就如同保罗所说:“如果我被困在一座孤岛上,我只能带一首乐曲,那么毫无疑问会是肖邦的 g 小调叙事曲。”画面切换至从 4 岁开始学习钢琴的日本女孩桃香,她坐在行驶的列车上茫然望向窗外,回忆的画面中,许多人正在弹奏 g 小调叙事曲的开头——呈示部的引子部分。伴随着车轮滚动的金属声,音乐听起来生硬、机械、无表情、碎片化,似乎在告诉观众,桃香故事的叙述开场之际,她是怎样的心情和心理状态。

随着保罗开始讲述他的钢琴求学过程,音乐在背景处推出展开部的主体部分,在慢速、自由、抒情的音乐进行过程中缓缓上升,就像暴风雨前的宁静一样,钢琴旋律平缓,没有大幅度的变化,尤为明显的是将第一次高潮前的音响效果控制得非常平和。从音乐创作的角度分析,此段旋律是一个逐渐升高的过程,从单音的走向变成了八度,再从八度的创作逐渐转化为八度中蕴含着七和弦,然后慢慢地半音升高。作曲家肖邦的创作情绪也在此期间不断高涨,钢琴声似乎从开始略感悲伤地喃喃述说,进入到命运无常的呐喊,而这些音乐情绪又都紧紧联系着对生命的希望。当保罗踏上自己的钢琴求学或者说音乐求生之路时,展开部副部主题高潮如同暴风雨一般出现,表现得十分辉煌。而这段音乐的创作正是展示肖邦在经历了国破家亡以后,祈祷波兰人民能够满怀希望生活下去的心情:大调明快响亮,小调转大调过后立刻出现的属七和弦将音乐表现的辉煌氛围烘托到极致;全部的八度和弦与大量的三连音使音乐具有连贯性,然后,在副部快要结尾时,三个不同曲调逐渐上升的音阶象征了从低到高的纯正理念。整个音乐段落所表达的情绪统统指向生活之希望,而在此期间的画面是保罗略带忧郁却充满期待地眺望列车窗外的坚毅目光。

随着影视叙事的情节发展,故事开始进入悲伤的部分:保罗的头开始疼痛;桃香进入对海啸灾难的揪心回忆。钢琴在背景处随之出现叙事曲展开部的链接部分,这也是整个曲子跑动幅度最大、速度最快的部分。从演奏上分析,右手不断地重复上下行跑动,不断以一个重复的旋律来加强情感叙说;左手则以和弦的重复开始,接着在八度和弦上不停跑动、渐强,从单音转化到和弦;然后,左手和弦配上不和谐的小三度音程,给人一种极为扭曲和响亮的效果。整个音乐表现从刚开始的柔和慢慢地转变为某种程度上的狰狞,如同主人公内心一样饱受煎熬。

又是火车飞驰而过,保罗的人生跌落至不幸的低谷——剧烈的头痛被确诊为脑瘤。在全身瘫痪不能动弹的时候,保罗床头的随身听一遍又一遍不断播放着 g 小调叙事曲,进行辅助性的音乐治疗。他在昏迷中不自觉地锁定一些特定的音乐片段,下意识地拼贴着记忆的碎片。相应的音乐表现便是不断重复这首叙事曲最具有代表性的位置——引子部分与再现部的尾声。在乐曲的不断循环下,演奏的速率明显加快。一般来说,在音乐会上,引子部分是最考验演奏家水准发挥的位置,大多数情况下,在演奏者的第一个音落下时就决定了能否将观众的情感带入音乐之中;而尾声部分则是技术难度最大的地方:跨度较大、速度极快的和弦,像一颗颗砾石从悬崖上坠落,带来难以承受的深沉与几近绝望的情感体验。

花样滑冰赛场上出现了桃香的朋友,她出场的伴奏曲目选择了 g 小调叙事曲。随着象征着希望的副部 A 主题的呈现,她儿时的记忆被唤醒。当她儿时第一次听到这首钢琴曲时就觉得:“如果这首曲子有名字的话,那么一定是‘灵魂的悲泣’。”“这首叙事曲感动了我,使我在灾后第一次感受到鼓舞。”主人公的命运叙事以保罗的独奏音乐会而终结。由于脑瘤导致右手麻木,无法弹奏,保罗根据自己对肖邦音乐的理解对曲目做了改编,使得他可以用自己的左手单手弹奏。演奏的片段是呈示部的连接部,逐渐地加速与渐强,左手从单音变成八度的和弦,渴望表达出主人公对命运绝望的愤怒和呐喊。因为无人理会,于是声音逐渐变小,然后进入到柔情的副部主题。保罗却将这一部分修改得十分柔情,利用踏板将每一个音都连接起来,选择手指触键把本来应该干净利落的音变成了柔和的连音,就像影片中讲述的那样。最后,保罗通过改编和练习,学会了笑着面对人生,手下流淌出的钢琴旋律也逐渐充满了希望。

## 二、影片叙事风格和演奏版本选择

纪录片是一种视听兼备的艺术传播方式,它依靠听觉和视觉两种感官合一的双通道,形成声画蒙太奇的独特艺术魅力。画面给予声音“可视的”形态与神韵;声音则赋予画面更为丰富的层次感及氛围感。如前所述,由于《肖邦拯救人生》不是单纯的人物音乐活动或音乐会演奏的实录,影片在声画蒙太奇的运用上采用了多样性和原创性的独特处理方式。

首先,肖邦钢琴曲在影片叙事中既以主人公演奏或钢琴家的同期声形式呈现,同时也不断以画外音或配乐的形式,对影片的抒情段落、人物特写、空镜头等进行阐释,形成心理、情感的深层画面意义。如影片刚开始不久,保罗逐渐习惯以弹奏钢琴来疗伤的特写、保罗上火车后眺望远方的反打远景空镜头、保罗躺卧在病床上的长镜头等,与耳机里播放的音乐融合在一起,使影片具备写实性的同时又具有音乐纪录片不间断的视听效果。

其次,在影片内容的设计上,主人公故事的"剧情冲突"时间序列与音乐旋律的走向具备一致性。比如,保罗的故事线索沿着"热爱生活→疾病降临→战胜病魔"的U形结构展开;场景画面则以"独自练琴→病床聆听→舞台演奏"为核心安排;相应的音乐则是"充满希望的主题→低沉的副部→主题的辉煌再现"与其保持着一致性。

最后,影片最突出的特色体现在,通过呈现伊莫金·库珀、郎朗、史蒂芬?豪等多位著名钢琴家对g小调叙事曲片段的不同演奏,以及面对镜头所阐发的对肖邦叙事曲内容的多种理解,使"演奏版本选择"成为影片叙事风格的特殊元素:

1. 影片开场的段落中,伊莫金·库珀以引子部分的独特演奏提出自己的见解,就像拉开了戏剧的帷幕,伴随着悲伤而又甜蜜的不和谐曲调,我们究竟要去往哪里?这是一个充满疑问的开头。

2. 为了表达肖邦在主题部分呈现的复杂心境,以便让观众更好地理解,影片使用了郎朗演奏的版本,因为较其他演奏家而言,郎朗这一版本传达的情感更为细腻,就如同年轻的保罗一样,郎朗在追寻他热爱的钢琴音乐之路上,曾经有过相似的经历和梦想。

3. 大约是基于同样的考虑,影片中间部分在插入副部与展开部的连接时,依然使用了郎朗演奏的音乐版本,无论是副部的柔和,使人紧绷的神经放松,还是展开部与副部A主题的连接,迎来了更大的情绪高潮,都能鼓舞人心、给人愉悦。郎朗的诠释充满活力和精神能量。

4. 在影片的结尾处,对肖邦叙事曲尾声的呈现使用了史蒂芬·豪的演奏片段,他的演奏相比其他人而言,触键更为直接,爆炸性的音响效果更为突出,更能强调出肖邦音乐所透露的躁动情绪。尾声后半部分的半音阶上行以及后来的两个上行音阶都需要演奏者以非常快速且有力度的方式去弹奏;而结束时的八度下行半音阶是一个几乎要将钢琴弦扯断的片段,史蒂芬·豪的演奏版本很好地传达了肖邦音乐所特有的以及主人公内心暗含的情绪波动与复杂感受。

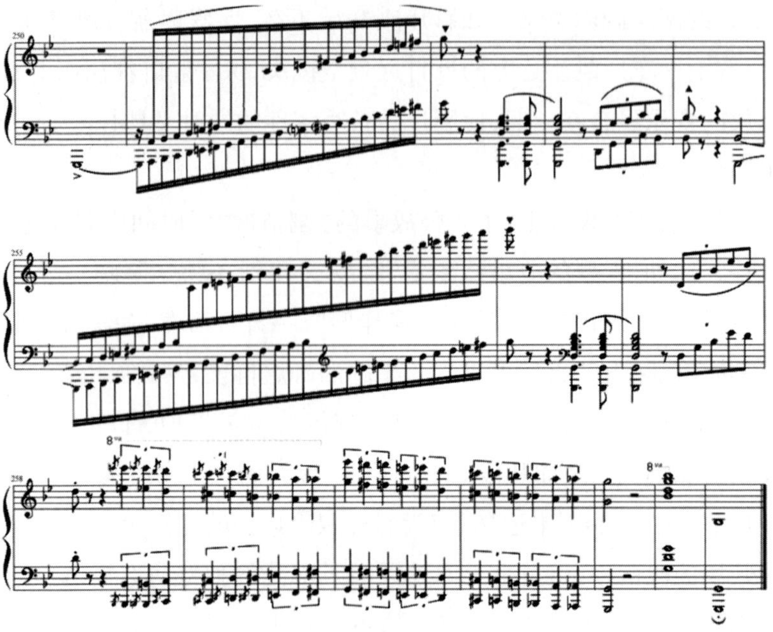

图 1

## 结语

综上所述,纪录片《肖邦拯救生命》的音乐主题选择,既是影片剧情内容的安排,也是影片视听美学的形式需求。g 小调叙事曲是由肖邦创作的音乐史上的第一首钢琴叙事曲,是肖邦音乐创作走向成熟的重要标志之一,它结合了古典主义音乐与浪漫主义音乐的曲式与结构特点,气势宏伟壮观,情感复杂多变,意蕴深邃高远。《肖邦拯救生命》的艺术成就说明,钢琴音乐作为当代跨文化传播的重要艺术形式,在影视创作中同样扮演着不可或缺的重要角色。

### 参考文献

[1]于润洋. 肖邦音乐的民族内容[M]. 北京:人民音乐出版社,1986.

[2]钱仁康. 肖邦叙事曲解读[M]. 北京:人民音乐出版社,2006.

[3]刘潇. 肖邦《g 小调叙事》Op. 23 的曲式结构辨析[D]. 济南:山东师范大学,2006.

[4]赵君. 肖邦叙事曲创作的基本特征[J]. 西安音乐学院学报,1999(1):60-67.

[5]苗燕. 纪录片音乐浅谈[J]. 现代企业教育,2008(21):92-93.

[6]万小菡. 用音乐来讲述——关于音乐纪录片摄制的创作思考[J]. 电视研究,2014(11):52-53.

(彭俊杰,广西师范大学音乐学院教师)

# 社交媒体下旁观者介入话语权力的观察①

## ——一次基于微博超话的量化研究

# Observation of Bystanding's Intervention in Discourse Power Under Social Media

## —A Quantitative Study Based on Weibo Chaohua

◈ 张少君

Zhang Shaojun

**摘要:**在日常生活中,当我们被大量的信息包围时,技术(算法)使我们进入自我的信息茧房。但客观事实是,在这个茧房中总会闯入与我们无关的信息。当95后的"秋天的第一杯奶茶"刷爆70后、80后的朋友圈时,技术也让70后、80后们参与到相关话语体系中。他们不再是无法发声的看客,而成为被影响的旁观者。被影响的旁观者既不完全存在于一个话语系统及其运作实践中,又无法再被排斥或忽视。当社交媒体将每个人连接时,被影响的旁观者开始有了实质影响话语建构的能力。满屏幕的询问"秋天的第一杯奶茶是什么梗"是一种影响,"清明节的第一炷香"也是一种影响。本文旨在通过对一次微博超话的量化分析,并调用百度AI开放平台自然语言分析模型API,对被影响的旁观者在话语建构过程中的角色变化和表现特性进行描述,探索他们在介入话语体系后所采取的话语策略。

**Abstract:** In daily lives, when we are surrounded by huge amounts of information, technology (algorithms) leads us to enter our own information cocoon. But the truth is the information that doesn't concern us always intrudes into this cocoon. When the "first cup of milk tea in autumn" of the post-1995 generation is popular among the Wechat Moments of the post-70s and post-80s, technology has enabled post-70s and post-80s generations to participate in relevant discourse systems. They are no longer silent spectators but affected bystanding. The affected bystanding neither completely exist in a discourse system nor in its operational practices, but they can no longer be excluded or ignored. When social media

① 本文系武汉传媒学院2021年校级"课程思政"示范课立项项目XJKS2103中期成果。

connects everyone, the affected bystanding begin to have the ability to substantially influence the construction of discourse. The screen full of questions "what is the first cup of milk tea in autumn" is one kind of influence, "Qingming Festival of the first wick incense" is also a kind of influence. This paper aims to describe the role changes and performance characteristics of the affected bystanding in the process of discourse construction by invoking the Sentiment Analysis NPL API of Baidu AI Open Platform, and explore the characteristics of discourse strategies adopted by them after they are involved in the discourse system.

**关键词**:被影响的旁观者;话语策略;自然语言分析;话语收缩;注意力

**Keywords:** Affected bystanding, Discourse strategy, NPL, Dialogic contraction of discourse, Attention

## 一、引言

随着参与性文化越来越多地出现在公众视野中,以社交媒体为代表的新媒体在现代人生活中的作用越发凸显。它既使得公共领域更加多样化,也帮助人们在需要时可以绕过传统把关人,直接参与到话语的建构中。传统媒介所依靠的通过专业媒体人、公共知识分子和他们所具有的高素质去传递信息内容并保证其所传递信息的质量和权威性,以期能够引起更多社会关注的运营模式变得越发困难。Chadwick(2013)认为,各种代理人之间的互动建构了现代媒介体系:记者与传媒公司、社交媒体平台与公众、算法与机器人等。他们共同生产内容、参与内容、分享内容并借此期待影响其所确定的目标对象的行为。这一互动过程从实务层面改变了传统媒介的话语体系,媒体相关者的权力边界通过注意力(attention)进行主张,并以浏览量、点击率、评论数、话题热度等指标进行量化。

但这一论述的假设基础是各生产者都具有主观参与话语体系建构的意愿,他们一出现就是话语体系的构建者,这在传统媒介所构成的话语体系中是说得通的。然而,我们注意到在网络时代这一建构过程中一个曾经被忽略的群体——"旁观者",在发展壮大。Susann Wagenknecht (2017)认为,在日常生活中存在这样一群人,他们既不完全包括也不完全排除在技术系统及其操作实践之外①,可将其称为"被影响的旁观者"(affected bystanding)。

---

① SUSANN W. Beyond non-/use: The affected bystander and her escalation[J]. New media & society ,2018, Vol. 20 (7):2235.

## 二、问题提出

在新媒体出现前,旁观者就一直存在并被动参与到日常生活中。商场里的闭路电视(CCTV)就是一个很好的例子,商家利用它监视商场中的活动,如员工的工作情况、是否有偷窃行为发生等,很显然,一般的顾客并不是被监控的对象,但这类技术的使用在很大程度上影响到了一般顾客。他们可能不是目标,却事实上被技术所影响且缺乏足够的手段来干扰这些技术(无法形成有效互动),只能被裹挟着参与其中。

同理,在传统媒体时代,我们一般侧重于对相关技术的设计者、使用者和利益相关者进行分析,并由于旁观者的权力无法得到主张(如同顾客无法要求商场关闭闭路电视)而忽略了被裹挟进来的他们以及在此过程中他们所产生的间接影响——这些间接影响往往也难以预见、理解和控制。这一分析逻辑被继续带到了新媒体时代。

然而在新媒体时代,人们参与媒介话语的路径有了根本性的变化,继续通过传播角色和传播流程的方式来分析社交媒体中的权力角力,似乎变得不那么容易。"在互联网的协助下,电视的理想得以实现——一种零散的非正式互动。电视开始是一条由制作者到达消费者的单向通道,但是现在这条通道已经变成双向的了。一个人拥有一台电视机,注定是要与世隔绝的。但是一个配备了两部机器(电视机和计算机)的人就可以加入到一个社群中来。"①传统媒体对社交媒体的广泛使用模糊了主流与非主流(传统媒体与自媒体)的边界,使得各类媒介内容生产者在公共领域中的角色变得复杂,这些都为旁观者在社交媒体上奠定了权力主张的基础。

当人们基于自己的需求登录社交媒体时,所接触的不仅是自己加入或感兴趣的社群及信息,一些其他的信息也会被动地接收到,这其中既有传统媒介中就存在的来自赞助商的广告,也有高声量、话题性的信息通过其他方式所形成的触达,如朋友的转发。技术的功能性支持让曾经只能默默接收信息的旁观者可以在社交媒体中行使权力——破坏性地参与到相关体系的建构中,比如批判式发帖或转发。

曾经,旁观者既没有充分地参与内容的生产并扮演某种角色,也不是各主动参与的利益相关者所期待的对象,在有关社交媒介话语体系的讨论中往往被忽略。但在互联网时代,旁观者作为群体完全有能力通过注意力"被动"地参与到媒介话语权力的建构中。因此,在新媒体时代,特别是在社交媒体高度发达的今天,对社交媒体下的被影响的旁观者的话语策略研究将有助于我们更好地理解当代媒介话语权力的构成。

① 詹金斯.融合文化:新媒体和旧媒体的冲突地带[M].杜永明,译.北京:商务印书馆,2012:355.

## 三、研究对象与方法

随着信息技术的高速发展,中国互联网产业经历了野蛮生长期。目前,国家、组织、机构制定了大量的政策法规与行业公约,规范了互联网行为,但各种失范行为仍然存在。“网络水军缔造了一个庞大的‘伪舆论王国’,在这个王国里,水军通过大量的发帖跟帖,在某一舆论场中形成一股虚假的舆论浪潮。这种‘伪舆论’代表的并不是真实的公众,而只是某些利益集团或个人。”①所以,是否存在明确的获利集团或个人,成为本次研究筛选研究对象的第一标准。其次,通过对学者李彪等(2012)相关论述的梳理,可以得到网络水军事件大致可以分为商业事件、娱乐事件、社会事件三种类别,且社会事件占比极低。结合商业事件、娱乐事件的特点,网络水军的行为存在随着相关事件的发生而发生,随着事件热度的消退而消退的特点,这成为本次研究筛选研究对象的第二个标准。第三个标准则是互联网上的言说个体不应该是“僵尸粉”,单一账号不存在大量发帖现象。

由于新浪微博作为社交平台在国内的普及度和影响力均较高,本次研究选择了微博平台上筛选出的基本符合上述三个条件的研究对象——超话“我是普通人,我讨厌XX”的原创微博。根据搜索结果,该超话第一条原创微博发布于2020年1月。2月间只有一条原创微博发出。3月网友所发出的含有该超话的原创微博只有23条,而围绕该明星的重大舆情事件(“2·27”事件)发生在2月27日,合理推断其超话的建立目的不是围绕该明星所形成的原始话语场域中的参与者(如粉丝或黑粉)。同时,在选定对象后的预分析中,单一重复账号发布微博数最多为43条,占样本总量不足0.2%,因此该超话基本符合上述三个条件。

本次研究通过对相关超话中微博用户于2020年3月1日至2020年7月31日间所发布的15,335条原创微博进行量化分析,利用机器学习,引入自然语言分析(NLP)模型,对网友发布内容进行情感分析、相似度分析,借此尝试描绘出被影响的旁观者在话语进程中的角色转变及其话语策略。以下假设将被涉及:

1. 被影响的旁观者在话语建构过程中的参与是有条件的,受特殊事件影响;

2. 被影响的旁观者在参与中的情感表达是从无到有的,且一旦参与到话语建构过程中,其观念的表达将非常清晰;

3. 作为整体的被影响的旁观者对话语体系的敏感度呈现明显的波动特征,受新信

① 于志君,郭根生.“网络水军”的形成机制与传播效力研究[J].现代视听,2011(5):54.

息影响较大；

4. 被影响的旁观者对原话语体系产生实质影响，但其话语策略有别于原始参与者。

## 四、研究发现

### （一）出圈与入圈：技术影响下的旁观者角色转变

1. 出圈：技术支持使话语触达范围的扩张成为可能

所谓“圈”，指网络世界中针对某一对象的核心受众所形成的群体。而“出圈”指的是非核心群体——路人，也能对该对象有所了解。网络算法的发展，使得精确推送成为可能，受众越来越多地“逃避”掉自己所不感兴趣的信息，而待在信息舒适区中，即在自己的“圈”中。龚莉红在《基于“信息茧房”理论的意识形态话语权研究》一文中写道：

> 信息在被个人自我选择之后，日积月累后个体会越来越疏离于主流意识形态，导致信息无法迅速传递到受众中去，在信息的高墙中，妨碍了信息的自由流动和受众的公平接受权。这种话语传播方式导致“去中心化”的语境，个体不但能成为信息发散点，也能成为信息自我选择接收点，使得传播方式呈现出原子化布朗运动现象，没有规律且无法控制。①

虽然这一论述主要着眼于“信息茧房”的形成，但我们也应该注意到正是由于“去中心化”语境的出现，个体不但继承了传统的信息接收点身份，更成为信息发散点，这使得存在于算法下不同“茧房”中的用户有了通过符合规则的行为——如在社交媒体平台关注好友，“被迫”接收到“茧房”外信息的可能。学者秦烁等（2018）在《在线社交媒体信息冗余现象建模与实证研究》一文中指出信息传播率、网络密度、集群系数对单一受众接收信息产生影响。② 如果我们将社交媒体中的用户作为点、其好友关系为线，形成拓扑图的话，暴露在大量点线集中处的用户触达“茧房”外信息的机率就会增大。这不仅使得该信息“出圈”成为可能，更让本处于封闭茧房中的用户被迫与“出圈”的信息进行勾连，其身份也从该信息无关者转变成为信息的“旁观者”。

---

① 龚莉红，基于“信息茧房”理论的意识形态话语权研究[J]，河南大学学报，2019(5)：36.

② 秦烁，吕欣，孟凡辉，胡延庆，在线社交媒体信息冗余现象建模与实证研究[J]. 大数据，2018(5)：50－61.

2. 入圈：注意力，旁观者卷入话语

旁观者卷入话语的基础是技术的支持，前提是信息传播率、网络密度、集群系数影响下的信息触达。但成为信息的旁观者不等于进入到该话语建构中。这是由于当个人进行言说时，其身份可能是代表自己，“也可能以代言人的身份，与被代言人、参与话语生产者共同构成复合话主”①。单一的旁观者虽然也实践了霍尔所言的“生产”出文本的意义，但“我们也知道，当下的媒体系统是融合的，注意力被分散在各个子系统内部：旧的媒体，如传统报纸、电视和有线电视，以及在线媒体，包括社交媒体，处于持续的竞争、合作、渗透和适应之中”②。在这样的复杂场域中，单一旁观者的话语实践并不能实质影响到话语权力的进程。因此，对单一旁观者成为旁观者群体代言者的关注能够有效地理解旁观者是如何参与到话语权力的角力之中。我们发现在这一转变过程中，主流媒体的正式介入是旁观者成为代言人的重要催化剂。

根据 B 站 UP 主“可视化球”梳理的该明星所涉及的事件完整时间线，可以看出，自 2 月 24 日起，在微博中有关该明星的舆情事件就接连发生，并一直持续至 7 月（图 1）。但超话“我是普通人，我讨厌 XX”下原创微博的发帖却集中于 7 月（图 2）。

| 月份 | 事件 |
|---|---|
| 3 | 64 |
| 4 | 34 |
| 5 | 25 |
| 6 | 30 |
| 7 | 20 |

**图 1　该明星月度舆情事件**

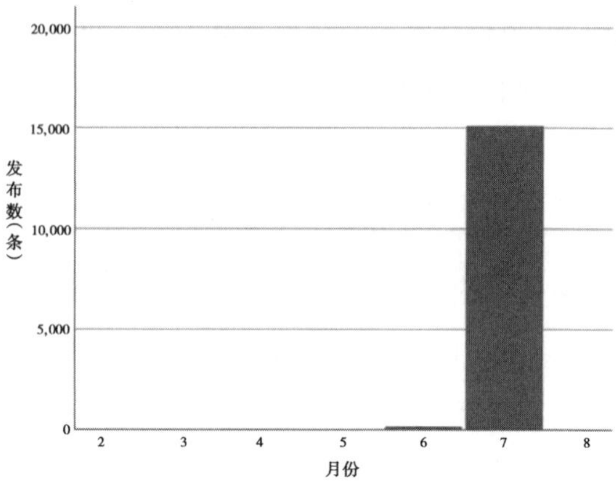


**图 2　超话原创微博发布数**

通过内容分析可以看出，7 月原创微博发布数的暴增与主流媒体密集且明确的表态相关。如 6 月 26 日国务院扶贫办微博针对性开启精选屏蔽；7 月 8 日《检察日报》发文《营造良好网络生态，平台亟须强化自净》；7 月 13 日网信办启动 2020“清朗”未

① 王风仙，复合嵌套的媒体话语与社交平台上的政治对话[J]，学术界，2019（12）：38.

② YINI Z，CHRIS W，SONG W，KARL R，Attention and amplification in the hybrid media system：The composition and activity of Donald Trump's Twitter following during the 2016 presidential election[J]. New Media & Society，2018：3165.

成年人暑期网络环境专项整治;7 月 16 日至 18 日人民网连续发布文章“三评饭圈”等。主流媒体“随着公众关注度的不断上升开始强势介入到事件的传播过程当中,主导舆论的话语权也随之回归到传统媒体。自媒体退居成为传统媒体传递信息的补充与解释。”①正是在这一过程中,旁观者对生产的文本意义的阐述开始变得逐渐统一且向主流媒体靠拢。我们认为此时旁观者才正式进入了相关话语体系的角力中,但参与意愿开始出现下降。(图 3)

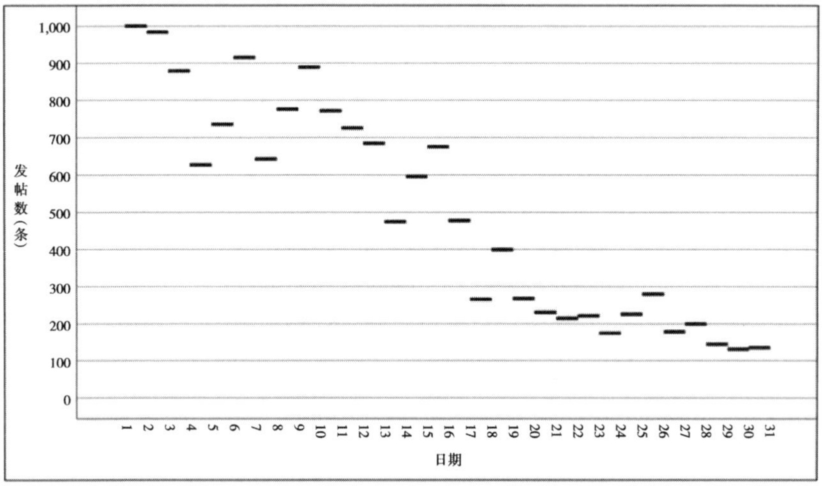


**图 3　7 月每日原创发帖数**

(二)旁观者的角色特征:鲜明且敏感

传统话语权力建构的过程是文本意义的产生、斗争与妥协的过程。这一过程不仅受到参与者在传播角色上的变化所带来的影响,如从传播者变为受传者,也受到社会现实以及利益相关者的社会角色、社会身份等的影响。正是因为存在这样复杂且反复的过程,参与到话语建构中的各主体在意义的表达上多不会选择从一开始就态度鲜明,因为这不符合在斗争、妥协中实现其自身权力最大化的原则。

但逐渐裹挟参与到话语构建中的旁观者的行为选择却明显异于这些原始参与者,他们在话语建构中的态度表达异常清晰。根据所调用的 NLP-Python-SDK 情感指数,在15,320个有效样本中,无论是持积极态度还是持消极态度的微博发布者,其情感指数分布均十分集中(图 4),其中积极态度指数的平均值为 0.038303047,中位数为 0.002940375,消极态度的平均值为 0.961696952,中位数为 0.9970595,平均可信度为

① 张少君. 媒介融合背景下传统媒体与自媒体的非合作博弈[J]. 新媒体与社会,2015(3):288.

0.938611852,中位数为0.993476。可见,这种表达受到旁观者被裹挟进入话语的方式以及在话语体系中的身份影响。鲜明的情感表达有助于旁观者在话语建构过程中表明身份,迅速找到同类并获得认同。

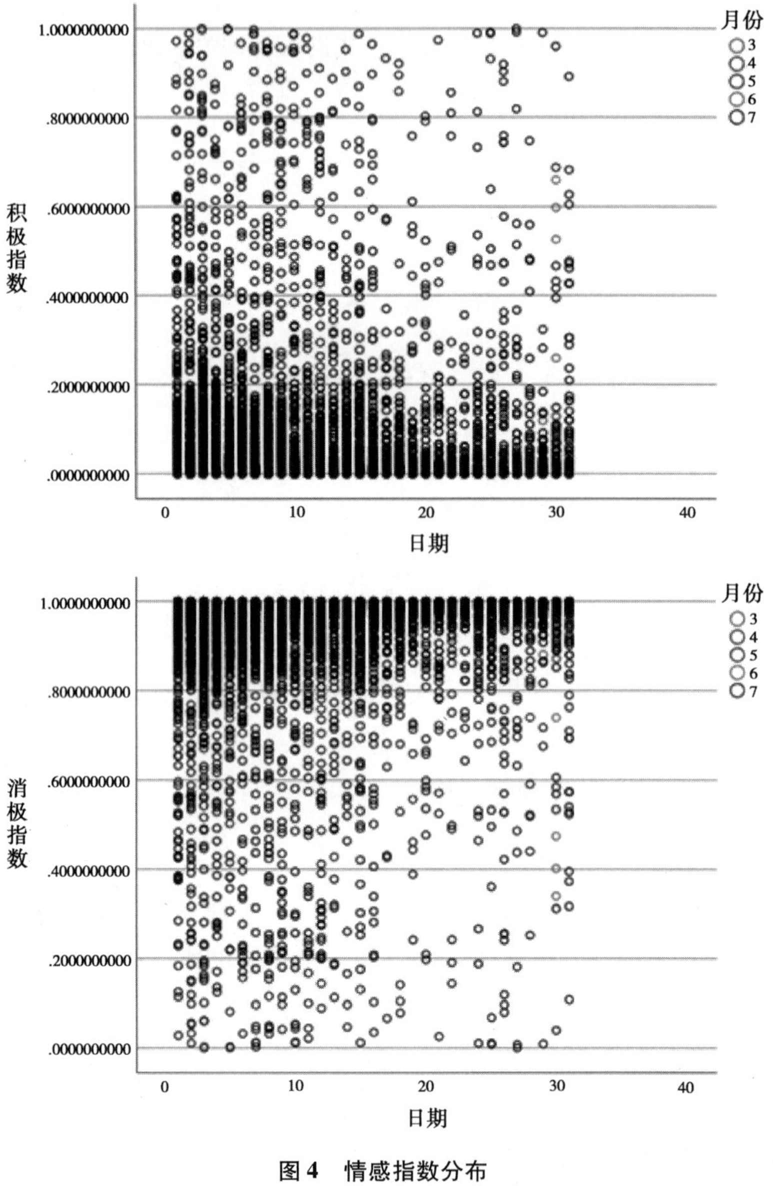


**图4　情感指数分布**

和原始话语参与者始终对相关信息保持高度敏感不同,作为整体的旁观者在被卷入话语建构过程中,对话语体系的敏感度呈现明显的波动特征,受新信息影响较大(图5)。以3月为例,大量发帖内容开始出现在2日、8日、17日及26日。与此相关的是3月1日至2日,16日至17日,25日至26日分别发生了围绕该明星的相关舆情事件。而本应在单一舆情事件后脱离出来的旁观者，并没有选择“离开”该舆论场，而是继续选择以旁观者的身份被影响。

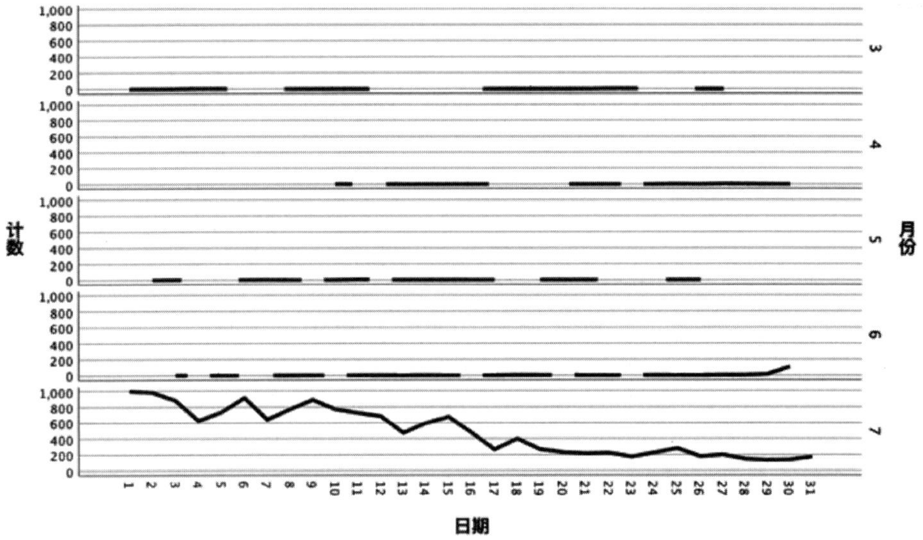


**图5　3至7月每日发帖数**

(三)被影响的旁观者话语策略

根据吉登斯(1984)的结构理论，作为权力基础的资源，是通过行为者之间的不断交互所生产的，并通过对资源的应用主张出不同的意义，从而影响规则的建构。虽然旁观者的参与在初期可能不充分、非主观，但他们却在技术的帮助下，在被动交互中实质性地参与了资源的生产，并随着具体情境的不同，通过网络技术所赋予的能力实质性地使用了资源，改变了社交媒介的既成事实，这种改变使得他们在媒介话语中拥有了权力。

然而，权力的彰显和言说者的身份、言说的表达以及言说的方式有关。在身份上，旁观者处于先天的弱势，要想其权力得到伸张就必须在言说的表达和言说的方式上作出策略性安排。正如前文所提及的，旁观者在言说的表达上情感鲜明，但仅有鲜明的情感并不足以完成话语的实践。

1. 言说表达的策略

根据语言学的相关研究，话语策略可分为话语收缩和话语扩张。其中，话语收缩包括“否认”和“宣称”两个系统。“否认”指的是直接拒绝或替换某种话语立场，其具体策略多为否定和反驳。

利用 TextRank 算法,本次研究对所有原创微博内容进行了关键词抽取(限定抽取词性限制为'n','nr','vn','v','vn')。可以看出,在言说的表达和方式上,作为整体的旁观者所采取的策略为一致性,其特征为话语收缩,而非话语扩张,具体表现为“否认”,而非“宣称”。

从结果来看,在前 100 个关键词中(图 6)出现了诸如讨厌、抵制、恶心、失格、劣迹、营销、造假、网暴、资本、厌恶、控评、不配、暴力、洗白、劣质、恶意、韭菜、洗脑、逼迫、畸形等情感表达鲜明的词。

[“肖战”“讨厌”“粉丝”“抵制”“普通人”“恶心”“失格”“偶像”“艺人”“代言”“收起”“没有”“数据”“全文”“追星”“影视”“举报”“团队”“综艺”“抗疫”“工作室”“劣迹”“邪教”“不会”“流量”“网络”“知道”“看到”“营销”“造假”“时候”“网暴”“资本”“道歉”“出来”“希望”“行为”“不能”“厌恶”“大家”“账号”“参演”“控评”“饭圈”“炸号”“割割”“觉得”“不配”“暴力”“公益”“战方”“还有”“洗白”“喜欢”“事件”“劣质”“恶意”“明星”“韭菜”“洗脑”“粉丝网”“视频”“逼迫”“引导”“团伙”“开始”“作为”“应援”“娱乐圈”“平台”“演技”“发声”“女性”“个人”“国家”“消费”“社会”“事情”“文化”“学生”“不想”“可能”“网友”“停止”“拒绝”“出演”“问题”“超话”“扫帚”“打榜”“教师”“应该”“疫情”“看看”“土豆”“受害者”“畸形”“管理”“官方”“时刻”]

**图 6 基于 Textrank 算法的前 100 个关键词**

在话语表层中,“讨厌”“抵制”“恶心”“厌恶”等此类词是一种否定的表达,但其潜在策略是对相反观点的否定,进而成功将之排斥在外。针对所有内容进行的词频统计结果同样体现出了否定策略的运用。在所有 1.5 万余条微博中,词频出现过万的词有:“讨厌”“普通人”“粉丝”“抵制”,其中,“讨厌”出现了 21,703 次,“抵制”出现了 11,094 次。

“否定”仅仅是对某一观点或是现象的排斥或是挑战,而“反驳”则意味着用某一观点或是立场去取代已有的立场或是观点,即用某种话语声音取代另一种。① “失格”“劣迹”“营销”“造假”“网暴”“不配”“洗白”等从语料中提取出的关键词,体现了发布者不仅对其他观点进行了批评,而且进行了立场的取代,是在向用户传递一种价值观的同时,对潜在用户进行了价值区分。

① 刘世生,刘立华.评价研究视角下的话语分析[J],清华大学学报(哲学社会科学)2012,27(2):137.

2. 言说方式的策略

而在言说的方式上,旁观者表现出未经组织的一致性。本次研究从语料中随机抽取出 30 条微博并进行随机分组(15 组),使用 NLP-Python-SDK 接口,对各组内容进行了短文本相似度分析(图 7)。相似度取值在 0 ~ 1 之间,得分越高,则不同微博的(短文本)相似程度越高,反之相似程度则越低。从分析结果来看,随机所选的样本间相似度较高,其中最高相似度为 0.888532,最低相似度为0.675135,均值为0.788498667,整体趋势向上。

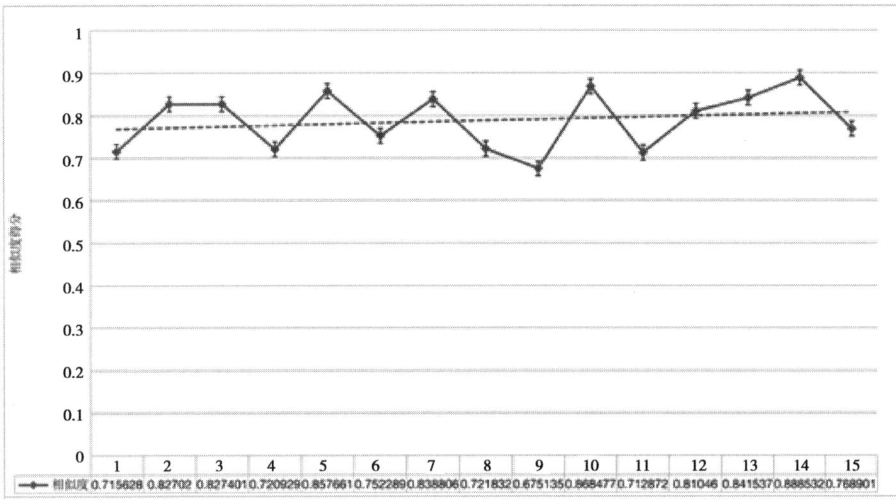


**图 7　短文本相似度分析**

旁观者做出上述话语表达策略是其对现实观照后的映射。霍尔在《编码 · 解码》中针对电视观众写道:“电视观众有可能完全理解话语赋予字面和内涵意义的扭曲变化,但以一种全然相反的方式去解码信息……他/她(解码者)以自己选择的符码将信息非总体化,以便在某一个参照框中将信息再次总体化。”①这造成了对抗式解读的出现。所谓对抗式解读,指译码者很可能是完全了解讯息是在什么情况下被编码的,也理解话语赋予的字面和内涵意义的曲折变化,但是却对此置之不理,自行找来另一个诠释架构,因此使得译码的结果与编码者所欲传达的意义不完全一致甚至完全背道而驰。被裹挟进入话语中的旁观者,因为其处于话语结构中的弱势位置,所以在话语表达上需要比其他参与者更强烈。旁观者通过策略性的话语表述——采用近似的话语表达方式(或有意,或无意)压缩了对抗式解码的空间,确保意义的传达在编、解码过

① 霍尔. 编码 · 解码[M]//罗纲,刘象愚. 文化研究读本. 王广州,译. 北京:中国社会科学出版社,2000:364.

程中的一致性,从而提升自身的话语权力。

此外,和原始话语参与者在话语建构过程中有着清晰身份和“阵营”不同,单一的旁观者在被卷入话语后,其身份、地位是模糊的。因此,激烈的言说表达有利于旁观者展示态度,明确身份,寻找“同伴”,最终实现话语权力的彰显。

## 五、结论

诚如 Webster(2014)所言:我们对数字时代受众的实际构成了解太少,并且对他们的行为及效果知之甚少。Castells 认为媒体“大体上构成了决定权力的空间”。在这个空间中已经存在了很多角色,而随着技术的发展,曾经可以被忽略的“少数”旁观者成为被动参与话语建构的旁观者,这使得媒介权力的建构变得更为复杂。在社交媒体中,技术设计者、使用者、利益相关者和旁观者的角色不仅具有多重性,而且会随着各方所采取的策略不同不断发生变化,进而形成了一种更为复杂的互动关系,并不断重新划分着公共和私人之间的界线,而旁观者无疑是一个新出现的有趣群体。

本文尝试引入 Susann Wagenknecht 在讨论人—机(技术)关系中所提出的“被影响的旁观者”这一概念,界定并描述出在传统媒介话语体系中被我们所忽略的一个群体。和设计者、使用者、利息相关者不同,被影响的旁观者并非在话语初始就参与其中,而是因特殊事件的发生才被裹挟到话语进程中,其言说身份与其他参与者均存在差异,权力地位也与其他话语参与者存在差距。因此他们旗帜鲜明地表达自己的情感,并呈现出态度集中的趋势。此外,作为群体的被影响的旁观者,他们具有对新信息的敏感性,他们不会始终关注于话语的进程,却会随着敏感信息的出现波动式地参与到话语建构。正是在这种独有的特征基础上,他们形成了自己的话语策略,主要表现在言说的表达以及言说的方式上。

必须指出,本文只是在认知层面上提出了对一个固有群体的新观察,并对其所表现出的特征进行了初步的描述。在样本的选择上仍存在局限,对样本的分析基本限于样本自身的相关变量上,较少涉及外部因素,更未能引入外部变量进行系统分析。同时,在研究设计上也尚有改进之处。

但不可否认的是,随着技术的迭代及其被大规模地运用于人们的日常生活中,未来的世界将会更加开放和连接,被影响的旁观者在媒介话语建构中的角色也将随之越发凸显。通过本次研究,希望可以引起人们对固有的媒介话语结构进行更多的讨论,对旁观者这个曾经被忽略的群体有更多的关注与思考。

(张少君,武汉传媒学院新闻传播学院副教授)

**图书在版编目(CIP)数据**

中国传媒教育观察. 2022 / 赵倩主编. -- 北京: 中国传媒大学出版社, 2022.9
ISBN 978-7-5657-3242-3

Ⅰ. ①中… Ⅱ. ①赵… Ⅲ. ①传播媒介—教育研究—中国 Ⅳ. ①G206.2

中国版本图书馆 CIP 数据核字(2022)第 131181 号

**中国传媒教育观察(2022)**
ZHONGGUO CHUANMEI JIAOYU GUANCHA (2022)

| | |
|---|---|
| **主　　编** | 赵　倩 |
| **策划编辑** | 黄松毅 |
| **责任编辑** | 欧丽娜 |
| **封扉设计** | 拓美设计 |
| **责任印制** | 阳金洲 |

| | | | |
|---|---|---|---|
| **出版发行** | 中国传媒大学出版社 | | |
| **社　　址** | 北京市朝阳区定福庄东街 1 号 | **邮　　编** | 100024 |
| **电　　话** | 86-10-65450528　65450532 | **传　　真** | 65779405 |
| **网　　址** | http://cucp.cuc.edu.cn | | |
| **经　　销** | 全国新华书店 | | |

| | |
|---|---|
| **印　　刷** | 唐山玺诚印务有限公司 |
| **开　　本** | 787mm × 1092mm　1/16 |
| **印　　张** | 10.75 |
| **字　　数** | 204 千字 |
| **版　　次** | 2022 年 9 月第 1 版 |
| **印　　次** | 2022 年 9 月第 1 次印刷 |

| | | | |
|---|---|---|---|
| **书　　号** | ISBN 978-7-5657-3242-3/G · 3242 | **定　　价** | 58.00 元 |

**本社法律顾问:北京嘉润律师事务所　郭建平**